I0582698

BOOKS & SMITH
New York Editors

Niña pequeña, cangrejo grande.

UNA NIÑEZ ENTRE PALMERAS

Secretos, tormentas y supervivencia en el Caribe.

RITA M. GARDNER

Traducción de Amanda Fleites y Edgar Smith.

—Memorias—

Una publicación de Books&Smith.

Una niñez entre palmeras

Esta obra narra parte de la vida de la autora de la manera que ella la recuerda. Los personajes cuyo permiso no fue posible adquirir han sido identificados con otros nombres y características para proteger su privacidad.

Queda prohibida la distribución de esta obra, parcial o total, para cualquier propósito y por cualquier medio posible, físico, electrónico, virtual o de otro tipo, sin el consentimiento expreso y por escrito de la autora o su representante editorial.

Publicado originalmente en inglés bajo el título
The Coconut Latitudes: secrets, storms and survival in the Caribbean (2014)
por la editorial She Writes Press.

2023 © Rita M. Gardner.

Todos los derechos reservados 2023 – Rita M. Gardner.
Primera edición en español 2023.

Publicado en los Estados Unidos de América por Books&Smith.

Diseño de portada e interior: Books&Smith.
Traducción: Amanda Fleites y Edgar Smith.
Edición final: Edgar Smith.

ISBN: 978-1-7368848-8-1

Elogios para *Una niñez entre palmeras*:

"Esta memoria de Rita Gardner es un relato fascinante y agridulce acerca de cómo creció en la República Dominicana en la década de 1950 durante la dictadura de Trujillo. Su relato, compasivo y de mirada precisa, redime ese tiempo, tanto para ella como para los lectores que buscan formas de comprender los pasajes difíciles de todas nuestras vidas. Aquí hay otra buena escritora que podemos aceptar como nuestra: una dominicana honorífica, pero que, como los mejores escritores, trasciende las fronteras hacia los espacios abiertos del corazón".

Julia Álvarez
Autora de *En el tiempo de las mariposas.*

"Rita Gardner ha hecho un excelente trabajo al capturar los vívidos detalles de su infancia, en una parte remota de la República Dominicana, donde vivió desde la edad de seis semanas con su hermana y sus padres. Ella dibuja el día a día de su familia en la granja de cocos de su padre con tal precisión que puedo oler el aliento de su padre después de las 5 p.m. y escuchar el corazón de Rita latiendo mientras espera su permiso para irse a la cama por la noche. La bebida de su padre y el temor de no saber en qué estado de ánimo estará persigue a Rita casi a diario durante su infancia.

Hay una extraña sensación de amor y miedo que persiste durante la infancia de Rita, y el fuerte vínculo que tiene con su hermana, Berta, en quien se apoya. Sus padres quieren lo mejor para sus hijas y trabajan arduamente para enviarlas a los Estados Unidos a continuar sus estudios.

Seguimos a Rita mientras intenta adaptarse a su nueva vida en el internado y la universidad en Florida, y cuando comienza a socializar. Hay varios eventos dramáticos que mantienen al lector interesado, incluido un reencuentro inesperado al final. Disfruté mucho las memorias de Rita Gardner y sus descripciones me parecieron increíblemente visuales; como ver una película".

Sonia Marsh,
autora de *Freeways to Flipflops* y *My Gutsy Story Anthology*.

"*Una niñez entre palmeras* de Rita Gardner es una historia poderosa, apasionante y desgarradora contada maravillosamente, que habla de la infancia de la autora en la República Dominicana. Está llena de aventura y belleza en un escenario exótico, pero también de miedo por un padre que es alcohólico y se vuelve cada vez más abusivo con su familia. La joven Rita atraviesa un trauma devastador cuando su hermana mayor es enviada a los EE. UU. para estudiar y, a partir de ese momento, la familia se rompe, aunque un giro inesperado en los acontecimientos se abre para la redención".

Lene Fogelberg,
autora de *Beautiful Affliction* y *The Lightning Tree*.

"Esta inquietante memoria narra la transición hacia la mayoría de edad de una niña nacida en Estados Unidos y llevada a vivir en una plantación de cocoteros en la República Dominicana de Trujillo. El encierro de la isla, su precaria existencia agrícola y el gobierno restrictivo se reflejan directamente en los personajes que forman esta familia disfuncional: un padre trabajador pero alcohólico, una esposa golpeada emocionalmente y tímida, una hija mayor retraída y una hija menor cariñosa—la autora, que admira el genio de su padre, pero teme sus arrebatos desmedidos. Contada en primera persona del singular, el desarrollo de esta historia predice un resultado para cada miembro de la familia que no puede ser bueno.

Para el conflicto de personajes, una trama llena de suspenso y la evocación del escenario exótico, el tono de este libro es tan cambiante, temperamental y violento como el clima tropical. Este drama familiar es para el lector, así como para la familia, una aventura en aguas peligrosas e inexploradas. Después de escapar de este estado primitivo de la naturaleza, vivió para contar su peligroso viaje y logró hacer una buena vida. Uno podría pensar que, después de reunir tanto coraje para vivir, podría haber encontrado la escritura la parte más fácil. Sin embargo, como autor de memorias, sé lo difícil que puede ser revivir la propia historia al contarla".

Peter H. Green,
autor de Ben's War with the U.S. Marines.

A mi familia.

Agradecimientos

Vengo de una familia de lectores y aspirantes a escritores. De niña escribía todo el tiempo y en secreto, y las palabras, junto con la pintura y el dibujo, se convirtieron en mi refugio. Mi padre escribió un artículo sobre nuestra vida dominicana que nunca fue publicado. Mi madre también escribió su propio manuscrito, pero se perdió.

Yo no quería que nuestra historia se borrara ni fuera olvidada, así que la escribí desde mi punto de vista. Agradezco a la editorial *She Writes Press* que publicó originalmente este libro bajo el título *The Coconut Latitudes*.

También debo agradecer a mis amigos de la infancia en la República Dominicana, quienes vivieron durante una época de extrema agitación política en su país, pero nunca perdieron el amor por su patria. Este libro no podría haber sido escrito si, muchas décadas atrás, los corazones *micheros* no se hubieran abierto para acoger a una familia extranjera en sus vidas y su comunidad.

Agradezco de manera especial a mi amigo Heinz Neumann por enviarme muchas de las fotos que aparecen en este libro.

Gracias, mis amigos de siempre.

Nota de la autora

No es fácil escribir sobre una familia sumergida en secretos ni exponer verdades que han estado ocultas por mucho tiempo. Lo mejor que cualquiera de nosotros puede hacer es confiar en la memoria, que se transforma a medida que envejecemos, pero que, sin embargo, es nuestra única verdad.

Este libro involucra a familiares que han muerto y a personas con las que no he tenido contacto en muchas décadas. Para honrar y respetar su privacidad, he cambiado algunos nombres y otros datos personales.

En algunos casos, condensé o amplié el tiempo para tener una mejor continuidad narrativa, pero los eventos descritos en este libro son objetivamente precisos.

UNA NIÑEZ ENTRE PALMERAS

Jesse y Emily Gardner en la playa de Cocoloco.

Introducción

Antes de mi nacimiento, por razones envueltas en un velo de misterio, mi padre deja abruptamente una exitosa carrera de ingeniería en los Estados Unidos para comprar un terreno de doscientas cincuenta hectáreas frente a una playa remota en la Bahía de Samaná, en la República Dominicana.

Esta pequeña nación de habla hispana, cuyo gobernante es el dictador Rafael L. Trujillo, ocupa dos tercios de la isla La Hispaniola. Haití queda al oeste y ocupa el tercio restante.

Los vientos alisios soplan durante todo el año desde los desiertos de África, peinan las palmeras, y les dan forma de comas invertidas a sus troncos. También, la isla se encuentra en el mismo trayecto de los huracanes que atraviesan el Atlántico y el Caribe de junio a noviembre.

En 1946, contando yo con apenas seis semanas de nacida y mi hermana Berta con cuatro años, mi padre nos trae a esta inestabilidad. Aterrizamos con una pila de maletas, una caja de libros, y un juego reluciente de vajilla marca Fiesta, mucho antes de que haya servicio eléctrico e incluso carreteras pavimentadas de camino a Miches—el pueblito más cercano. Para llegar a nuestra propiedad hay que tirarse un viaje en bote de cuatro horas desde otro pueblo o una cabalgata de un día por la Cordillera Oriental.

"Estas montañas", dice mi padre, "nos protegerán de los peores huracanes".

Papá contrata un grupo de campesinos para plantar diez mil cocoteros y bautiza la propiedad como *Plantación Cocoloco*. Tomará varios años para que las palmas comiencen a dar frutos. Durante este período de espera, papá llega a un acuerdo laboral con su antiguo jefe y tiene que viajar por todo el mundo—algunas veces, viajamos todos juntos.

Para cuando nos instalamos definitivamente en el pequeño pueblo de pescadores de Miches, a cuatro kilómetros de nuestra finca de coco, ya yo he cumplido los cinco años. Docenas de plantaciones similares a la nuestra se extienden a ambos lados del pueblo por millas a lo largo de la costa.

Originalmente, mi padre y otro ingeniero estadounidense habían comprado una parcela más grande, pero poco después de la compra, la sociedad fracasó y la tierra se dividió.

Nuestra familia visita su finca con frecuencia: la situación para Berta y para mí es incómoda, pues tenemos prohibido hablar con sus hijos—un niño y una niña de nuestra misma edad. No es fácil ignorarlos si viven justo al lado nuestro, pero papá ha plantado un alto seto de hibiscos entre las propiedades para que no podamos ver su casa.

Mi madre está de acuerdo con lo que papá decida.

Aparte de la familia con la que no podemos hablar, somos las únicas personas que hablan inglés en cien kilómetros a la redonda.

Mi padre dice con frecuencia que somos una familia "¡Muy feliz!"

"Hemos llegado al paraíso", nos dice, "y somos los más dichosos del mundo".

“Las islas. . . parecen vengarse de quienes las consideran soluciones o Edenes personales”.

Alastair Reid

Casalata.

CAPÍTULO UNO

MICHES

Es pegajoso el día de verano que elegimos para tambalearnos por primera vez sobre la montaña en un *jeep* destartalado conducido por un anciano de piel marrón, similar al cuero de las correas. El parabrisas está cuarteado y el polvo se empeña en cubrirlo todo. Nuestras maletas van apiladas encima de la capota, atadas con sogas que han visto mejores días. Nosotros no estamos atados a nada en absoluto y nos va dando tirones de izquierda a derecha el *jeep* mientras atraviesa la ruta, que apenas sí se asemeja una carretera. Estoy acostumbrada a estos caminos irregulares en la República Dominicana: andar en un vehículo en esta isla es siempre una aventura ruidosa y un constante sortear de baches.

Papá se sienta en la parte delantera con el conductor y, en el maloliente asiento trasero, mamá se sienta entre mi hermana Berta y yo, tratando de sostenernos mientras damos bandazos en otra curva. Berta se pone pálida, se asoma a la ventana y vomita. Papá murmura algo acerca de cómo con nueve años Berta aun no se ha acostumbrado a los jalones del *jeep*. El vehículo se detiene y yo también tengo ganas de vomitar. Salimos por un instante y Papá trata de distraernos mostrándonos una cascada a lo lejos, pero yo solo veo que me he ensuciado la ropa.

Nos metemos de nuevo y seguimos. Bajamos la velocidad al encontrarnos detrás de una carreta cargada de plátanos, tirada por burros. Cuando llegamos a la cima de la montaña, nos detenemos donde el aire es fresco. Tenemos el estómago vacío. El chofer se va a orinar entre los arbustos y papá se sube a un saliente rocoso. Agita los brazos, indicándonos que vayamos hacia él.

Berta trepa por la roca y mamá me sostiene hasta que papá puede cargarme y ponerme a su lado. Papá pone su brazo alrededor de mamá y le da un beso en los labios que se oye al otro lado de la montaña.

"Ahí está", señala. "Nuestro nuevo hogar".

Las laderas se derraman hasta el agua más azul que he visto en mi vida, una bahía de luz brillante, tan brillante que me hace parpadear. Papá sonríe.

"Mira, ahí está el pueblo de Miches".

Señala la curva interior de la bahía que tiene una serie de pequeñas edificaciones agazapadas y dispersas a lo largo de una costa rocosa, y con unas pocas calles que se extienden como una telaraña rota. Parpadeo e imagino que las casitas son insectos atrapados en la telaraña, y luego me estremezco y me digo a mí misma que no debo pensar así. Vuelvo a entrecerrar los ojos hacia un río largo y serpentino en las afueras de la ciudad y, luego, a la derecha, un largo tramo de playa de arena que se extiende como una astilla de luna nueva. La playa lo abarca todo hasta un punto lejano de tierra firme y desaparece al otro lado en una neblina blanca y dorada. La orilla está bordeada por una franja verde, y una extensión más pequeña, de un color claro, se destaca como si fuera un pedazo de alfombra, cuadrado e irregular.

Papá agita su brazo y señala el verde que palidece al otro extremo de la bahía.

"Allí", dice, mientras las lágrimas corren por su rostro. "Esa es la Finca Cocoloco. Siempre podremos verla desde aquí".

"¿Cómo es posible?" pregunta Berta.

"Porque mis fincas tienen palmeras jóvenes. Todas las demás fincas han estado aquí durante décadas, y las hojas se vuelven de un color verde oscuro con la edad. Por eso Cocoloco siempre se destacará".

"¿Siempre?"

"Bueno, hasta que los árboles sean muy, pero muy viejos, treinta años o más".

El conductor mira por encima de las rocas para ver lo que estamos observando. Sonríe y puedo ver que le falta la mayoría de los dientes frontales.

"Bonito, sí". Él asiente. Papá me suelta y regresa a la carretera.

Me dejan sola en la roca y aquí arriba me da mareo. Esta isla es todo lo que he conocido. Nos hemos mudado antes varias veces, pero esta vez será, como dice mamá, permanente. "Para siempre", lo que sea que eso signifique. Estoy mareada y pego un grito cuando miro al borde del acantilado. Papá me mira como si yo no debiera tener miedo y me pone de vuelta en el suelo sin decir una palabra. Recuerdo que le dijo a mamá que, si yo fuera un niño, aprendería más rápido, y me imagino que cree que yo debería poder saltar de la roca como si nada. Regresamos al auto y la bahía se acerca cada vez más a medida que seguimos dando tumbos cuesta abajo.

Entramos al pueblo de Miches pasando por una iglesia y una plaza. En unos minutos, el *jeep* se detiene junto a un potrero. Un grupo de vacas se acerca a una alambrada de púas enterradas, moviendo sus colas. Más allá de este potrero hay una amplia extensión de agua marrón: el río Yeguada. Papá ha comprado un pequeño terreno en las afueras de la ciudad, cerca de un potrero similar, pero lejísimo de la casa más cercana. La propiedad da a la bahía y está bordeada, en uno de los lados, por una laguna que solía desembocar en el mar, ahora sellada por un estanque que evita que los animales callejeros entren a nuestro jardín.

El pueblo en su mayoría está conformado por campesinos, pescadores y comerciantes. Una guagua pública recorre la montaña tres veces por semana, atraviesa la ciudad, recoge pasajeros, pasa por la carnicería junto al río, el destacamento de la policía (que cuenta con dos agentes y un perro de tres patas), la clínica (con un médico de medio tiempo), y dos colmados.

En lugar de una bonita casa de cemento con pisos de baldosas y habitaciones para los sirvientes, como tienen otros propietarios de fincas en las ciudades más grandes, nuestra casa será pequeña, sin sirvientes, y hecha completamente de aluminio. Un vecino resopla y vira los ojos. "¿Aluminio?" Papá les asegura a los que dudan que será tan sólido como el cemento y a prueba de huracanes.

Mientras esperamos que lleguen las diferentes partes de la casa, alquilamos una cabaña, que es propiedad de alguien de la capital y solo viene a Miches unas pocas veces al año. Don Elpidio, un granjero local, le susurra a papá una noche, mientras beben ron, que los dueños son gente mala. Hace un gesto con la mano, imitando un corte en su garganta. Papá se ríe. Mamá está ocupada hablando con la esposa, Doña Selenia, y parece que no escucha la conversación de los hombres. Berta está jugando a las cartas con la hija de ellos, Carmen, y se ríen cuando Berta intenta explicar las reglas de "Fish".

Me acerco a Berta y le suplico que me deje jugar. Berta al principio me hace seña de que me vaya. "Tú eres muy chiquita". "¡Yo no soy ningún chiquita!" "Déjala jugar", dice Carmen. Berta vira los ojos, pero me da algunas cartas. Le saco la lengua. Entonces nos reímos y me olvido de las personas malas que son dueñas de la cabaña. A la mañana siguiente, escucho a papá repetir lo que le ha dicho Don Elpidio la noche anterior: que nuestra casa rentada pertenece a dos hermanos que trabajan para El Jefe, el mismísimo Trujillo. El título completo del dictador es Su Excelencia, el Generalísimo Doctor Rafael Leónidas Trujillo, Benefactor de la República y Padre de la patria nueva, quien ha gobernado a la República Dominicana por veinte años. También se le suele llamar *El Jefe*. Mamá y papá nos sientan con gran solemnidad y nos dicen que nunca, nunca hablemos mal de Trujillo o digamos nada en contra del gobierno. Pero aquí anda Don Elpidio diciendo que los hermanos dueños de nuestra casa alquilada son unos asesinos.

"Tengo miedo", le susurro a mamá esa noche cuando me acurruca en la cama.

"No hay por qué tener miedo".

"Pero Berta dice que 'asesino' es alguien a quien le gusta matar. ¿Nos harán daño?"

"No, no". Mamá me toca la cabeza con cariño. "A la gente le gusta hablar de cosas que no entiende. Estos hombres son como policías especiales, y estoy segura de que no matan a personas inocentes". Mamá concluye la frase y cierra el mosquitero. "Ahora duérmete. Todo está bien".

Berta, en su litera, resopla entre dientes como si no le creyera a mamá. Tiro de la sábana y me arropo entera—apenas dejo un hueco por donde miro la luz de la luna a través de la ventana.

*****

Llega un camión con las partes de metal que se convertirán en nuestra casa. La base de concreto ya está hecha. Efectivamente, como prometió papá, todo es de aluminio: los postes, el techo, las paredes, las ventanas y las puertas delantera y trasera. Papá abre una de las cajas grandes y saca uno de varios sacos pesados de sujetadores.

"¿Ven? Justo como dijeron, cinco mil tuercas y tornillos. Eso es todo lo que necesitamos para armar completamente esta jodida casa".

En seis días ya tenemos un hogar: cuatro habitaciones pequeñas con pasillitos entre ellas. La sala tiene una pequeña mesa de comer arrinconada contra una pared. Mamá desenrrolla la alfombra peruana hecha de lana de llama que ha tenido desde el año en que mis padres se casaron y pasaron dos años en las montañas de los Andes, en uno de los tantos trabajos de papá. Papá construye todos nuestros muebles y los pinta del mismo tono turquesa. Todo es turquesa. Las bases de las camas, sillas, mesa, vestidores, marcos de espejos, y hasta un estante en el baño. Su sillón, estilo *Adirondack*, con brazos anchos, ocupa una esquina entera de la sala, y nosotras las niñas no debemos sentarnos en él.

El porche es una extensión de concreto diseñada como una media luna. "Es para fiestas y bailes", dice papá. Una noche, después de haber terminado la casa, papá y mamá encienden la Victrola. El brillo de la linterna y la luz de la luna llena hacen que todo se sienta casi acogedor.

"¿Ven?" dice Papá. "Esta es la gran vida".

Toma a mamá de la mano y le da una vuelta al ritmo de una canción de Perry Como, *When You're Smiling*. Él arquea su espalda como los bailarines en la portada de un disco de tango y señala a la luna. "Todo el que se está rompiendo el lomo en Estados Unidos, con sus trabajos horribles y sus vidas aburridas, no saben lo que se están perdiendo". Él comienza a cantar en español la canción que se ha inventado acerca de Miches. "Ay, Miches, Miches, qué linda es la vida aquí". Mamá se ríe y termina su trago.

Berta y yo fregamos los trastes en la cocina: los enjabonamos y los enjuagamos, y así se va el ron que se le pega a los vasos. Pero la mayoría de las noches no son así. Papá está bebiendo cada vez más, hasta que su voz se vuelve turbia y nos grita antes de caer de bruces en la cama. Empiezo a temerle a las noches.

Mamá planta zinnias y helechos a lo largo del espacio que bordea la cocina. El toque final es el escalón del porche, que papá dice que construiremos nosotras. Berta mezcla el cemento, y mamá y papá lo vierten en el molde de madera. Cuando está casi seco, Berta y yo dejamos nuestras huellas en el cemento mientras este se endurece. Mamá toma su dedo meñique y pone sus iniciales y las de papá en una esquina. Mamá decide llamar a nuestra casa "Casalata", porque cuando está cerrada parece una lata.

Tenemos a nuestros primeros visitantes extranjeros unos meses después, miembros del consulado inglés en Ciudad Trujillo. Ellos de alguna manera se enteraron de que había unos americanos en esta parte de la isla y nos encontraron. Nunca habían visto una casa como esta. Papá está vestido para la visita, con unos shorts limpios color caqui y una camisa de manga corta. Usualmente, trabaja a torso desnudo, y está muy tostado por el sol.

Papá golpea la pared de metal con los nudillos y dice con orgullo: "Es a prueba de huracanes. Las personas de aquí pensaron que estaba loco cuando les dije lo que estaba haciendo. Nos apostamos una caja de ron. Como el camino desde El Seybo todavía en su mayoría solo puede ser recorrido en burros, nadie podía imaginar cómo alguien podía trasladar una casa entera a la montaña; no habían escuchado jamás acerca de las casas prefabricadas. No hace falta decir que gané la apuesta: los Micheros brindaron por nosotros con un cerdo asado y un concierto de guitarra que dio uno de los mejores músicos que he escuchado jamás."

Mamá es alta, de ojos ya arrugados y azules, y cabello castaño claro con toques de gris. Lo lleva recogido y lleva lápiz labial en honor a los invitados. Su camisa a cuadros hace juego con la de papá. Ella envía a Berta a la cocina para que vuelva a llenar el plato de galletas Saltines y queso que nuestros invitados han vaciado. Me siento en la esquina del porche a jugar Yas y a escuchar la conversación. Entonces oigo a uno de los visitantes comentar lo bien que nos portamos nosotras las niñas.

"Bueno, con todos nuestros viajes, sí tienen que serlo", dice mi padre inclinándose hacia adelante y bajando la voz. "Podemos llevarlas a cualquier parte. ¡Imagínate! Cuando terminé el trabajo en Londres hubo una celebración en el Hotel Ritz y el *maître d'* dijo que no podía dejarnos entrar por las niñas. Le aseguré que no escucharía ni un solo sonido de ellas. ¿Verdad, Emily?"

Mi madre asiente, pero de inmediato niega con la cabeza en dirección a mí, como si estuviera tratando de decirle algo a papá. Me pregunto qué intentará decir, pero papá no ve su gesto. Él se bebe un vaso de ron como si fuera agua, luego se lo pasa a mamá para que lo vuelva a llenar.

Hago rebotar la dura pelota de goma y cojo los Yas, cuando de pronto un recuerdo difuso se vuelve más claro. Es un día lluvioso en una gran ciudad ruidosa, Londres, y toda la familia está bien vestida y almorzando en un lugar elegante en lo que parece un cielo lleno de estrellas doradas, todas juntas, y que cuelgan de un lugar muy alto. Las estrellas brotan de ramas brillantes. Mamá había dicho que aquello era un candelabro.

Aplasto una hormiga que está trepando por uno de los Yas.

"Entonces, ¿cuál es tu secreto?" Pregunta nuestro visitante a mamá mientras intenta matar una mosca. Ella abre la boca para responder, pero papá se adelanta.

"Oh, no es ningún secreto, de verdad. Miren, los niños son como caballos. Solo tienes que romper su espíritu cuando son jóvenes. Entonces no te darán ningún problema."

Papá enciende un cigarrillo y le da una larga calada. Bebe un poco más de ron, luego toma al invitado del brazo y le dice: "Ven, te mostraré la vista desde nuestro muelle. El puerto más bonito que jamás hayas visto".

Mamá mira hacia abajo y no dice nada. Berta está de pie en la puerta, con el ceño fruncido. Tira de un mechón de su cabello con tanta fuerza que se lo arranca. Me duele el estómago, como aquella vez que el *jeep* que nos trajo a través de la montaña se metió en un profundo barranco en una parte donde el camino estaba completamente borrado. Realmente no entiendo el asunto de los caballos que menciona papá o lo que es un espíritu, ¿tal vez un fantasma?

Esa noche sueño con huesos rotos que nunca volverán a regenerarse bien. Me despierto llorando por la pesadilla y Berta me abraza y me dice:

"Shhh, acabas de tener un mal sueño".

Tengo miedo de moverme, en caso de que no pueda, pero mis brazos y piernas parecen funcionar bien.

Berta y Rita con mamá.

CAPÍTULO DOS

TORMENTAS TROPICALES

En mañanas como esta, después de una noche rara en la que papá no nos ha gritado, mamá habla con una sonrisa en la voz. El sueño suaviza a papá, como cuando con mi dedo borro la línea del carboncillo en un dibujo. Una mueca cambia su rostro mientras juega conmigo. Me parezco a papá, larguirucho, con sus ojos marrones que caen un poco en los extremos, y mi sonrisa es amplia como la suya. A papá le gusta pintar acuarelas y, cuando yo me intereso por el arte, manda a buscar un juego de pinturas por números a una tienda en la capital. Me muestra cómo la cantidad justa de azul y amarillo se convierte en el verde perfecto de las hojas de coco.

Busco el correo todos los días —el periódico y las pocas cartas que nos llegan de la hermana de mamá, la tía Betty. Mamá se sienta en el porche en la mañana con una taza de café y un cigarrillo, remendando una camisa rota o haciendo un nuevo juego de servilletas. Sus puntadas son pequeñas, casi tan rectas como si le hubiera llevado lo que está cosiendo a la costurera del pueblo, y esta lo hubiera hecho con la máquina Singer de pedal. A veces, cuando papá está lejos, solo en la finca, ella le escribe largas cartas a su hermana.

Algunas de las señoras del pueblo vienen a visitar a mamá por las tardes. Ella les sirve limonada y galletas, pero sus visitas no son muy largas porque a mamá no le gustan mucho los chismes. Esto irrita a Doña Titina, que siempre está llena de rumores o noticias escandalosas, como cuando una vecina macheteó a su esposo cuando lo atrapó con otra mujer, o cuando el borracho del pueblo se cayó al mar y casi se ahoga. Lo dice como si fuera gracioso, pero me da escalofríos.

Papá juega con sus manualidades en el taller del jardín trasero, a la sombra de una ceiba gigante. En un banco de madera, debajo de una ventana, hace joyas con conchas y semillas. Berta y yo hurgamos en la playa, amontonando caracoles rosados y carapachos de almejas aquí, y conchas de lapas allá. En uno de los árboles de nuestro jardín crece una vaina circular repleta de semillas en forma de bumerán, todas están juntas en una gran bola hasta que está lista para reventar. En los días calurosos, después de madurar, algunas de estas explotan y las vainas se tornan de dos tonos, marrón y negro. Papá las pule hasta que brillan como ébano. Los cables tendidos a lo largo de la ventana se pandean por las joyas que les cuelgan. Me pongo de puntillas y miro el desfile de aretes, que se balancean en la brisa como pequeños bailarines. Él envía la mayoría de sus creaciones a las tiendas de regalos de los hoteles de lujo en Ciudad Trujillo.

En un rincón oscuro de su taller hay un retrato al óleo de Berta y mío, enganchado de un clavo en un armario. Lo pintaron cuando yo tenía tres años y vivimos en España por un año. Berta mira desde el lienzo con sus ojos azul pálido como si no estuviera viendo nada en absoluto. Yo miro con mis ojos brillantes, inclinándome hacia adelante. Mamá dice que estábamos muy inquietas durante las sesiones. Mis padres no creen que el artista haya hecho un buen trabajo, por eso no cuelgan el cuadro en la casa. En cambio, está clavado en la puerta del armario como una mariposa muerta, escondido y olvidado. Creo que es hermoso, tenemos lazos en el pelo y vestidos con cuello, nada parecido a los shorts de caqui y las blusas descoloridas que usamos ahora.

A Berta y a mí nos dan clases en casa. Papá construye una enramada en el patio trasero —un círculo de cemento con un poste en el centro que sostiene un techo de paja. Está a la sombra de los árboles de cacao llenos de vainas duras del tamaño de lechosas, que cosechamos para hacer chocolate. Aquí es donde tomamos nuestras clases. Una caja grande llega de *The Calvert School* en Maryland con nuestros útiles escolares para el año completo: libros nuevos, reglas, papel rayado, las guías para las clases, lápices amarillos y gomas de borrar de color rosado. Estoy en primer grado y Berta está en quinto. Todos los días mamá me pone mis tareas, pero Berta tiene la edad suficiente para leer las guías por sí misma, por lo que no necesita la ayuda de mamá.

Después de que Berta y yo terminamos con nuestras tareas escolares diarias, mamá me enseña a hacer galletas y panes de su libro de cocina *Joy of Cooking*, de 1951. Tenemos que improvisar cuando ingredientes como los distintos tipos de nueces, para hacer barritas de nueces, no se pueden encontrar en la tienda. El olor cálido (y el aroma de la levadura) llena la casa cuando horneamos. Berta muele los granos de café y mamá pone trozos de carne en otro molinillo. A veces tararea mientras cocina. El sonido calma mi estómago, e incluso Berta deja escapar una sonrisa o dos. Ella nunca lo dice, pero mamá parece más feliz cuando estamos solas las tres juntas, chocando una contra la otra en la diminuta cocina, mientras papá pasa la noche en la finca cuidando la cosecha. Cuando es así, sabemos que la noche será tranquila y pacífica —y sé que no se me apretará el estómago cuando, a las seis en punto, que es la hora de los tragos de papá, llegue con la amenaza de sus conversaciones ebrias de ron o, peor aún, de durar horas escuchándo sus berrinches de borracho antes de que podamos ir a la cama.

Papá construye dos botes a partir de unos patrones de Chris Craft que trajo de Estados Unidos. El grande es un bote abierto con motor que nos transportará a través de la bahía hasta Cocoloco cuando haya buen tiempo. El bote pequeño de remos, que llamamos Frisky, es para la laguna. A finales de septiembre, una tormenta tropical se nos acerca sigilosamente. Esta es diferente a los chubascos habituales, que son tormentas repentinas que pasan, arrojan una lluvia tan fuerte como un trueno, y luego se van con la misma rapidez. Nos despertamos con el sonido rompiente de las olas en lugar de su ritmo habitual de ida y vuelta. El mar, cubierto con una capa blanca, se ha nublado y nuestro bote se tambalea al fondo del nuevo muelle. Papá se sube al bote y leva el ancla, y navega hasta la orilla. Lo dirige hacia la playa rocosa y lo ata al gran árbol de aguacate, que se balancea hacia adelante y hacia atrás como si no supiera qué dirección tomar. Papá señala a Frisky, que se balancea en la laguna, y nos grita que lo llevemos a tierra también.

El clima me asusta y emociona a la vez. Cierro mi libro de aritmética y aguanto la soga mientras Berta empuja a Frisky a tierra. Una vez que hemos terminado, trato de volver a mi clase. En vez de hacerlo, solo dibujo líneas con formas onduladas en la parte superior, que se supone que son cocoteros doblados por el viento. Añado las figuras de una mujer y dos niñas huyendo de la orilla del mar. Hago sus trazos más grandes que los árboles detrás de ellas, como papá me enseñó. Lo llama "escorzo"; dice que hace que la imagen parezca real.

En la casa, el radio Zenith de baterías está sintonizado con las noticias meteorológicas. Papá garabatea la latitud y longitud de la tormenta, que ahora es un huracán llamado Charlie y está a solo unos kilómetros de la costa sur de la isla. Al atardecer, el cielo estalla en colores naranja y violeta. Las olas golpean nuestro muelle y le aflojan las tablas. Nos paramos en el borde mientras estas se agitan y, temerosa de salir volando, me aferro a Berta, que dice que soy una tonta.

El cielo se oscurece con un color negro azulado. De vuelta adentro de Casalata, las lámparas de gas parpadean y las paredes de aluminio brillan intensamente... y luego se apagan. Papá dice que tenemos que dejar las ventanas abiertas para que la presión del aire se mantenga, pero luego vienen las lluvias y tenemos que cerrar todo. Después de la cena, jugamos Monopolio en silencio porque la lluvia y el viento ahogan nuestras voces. Incluso, la de papá.

Por la mañana, el río desbordado desemboca en la laguna, que se ha abierto paso hacia el océano, arrasando a su paso con dos árboles jóvenes. Mamá se arrodilla junto al agujero donde crecían los árboles y echa un chuipi[1]. "Nunca tuvieron la oportunidad de afianzarse. Si hubieran sido mayores, las raíces habrían evitado que fueran arrancados del suelo". Mamá suspira: un sonido largo, entrecortado. "Oh, bueno", dice finalmente, "sembraremos otra cosa aquí, ni siquiera tenemos que abrir un nuevo hoyo; así que será fácil".

Apilamos hojas caídas, incluyendo las de las palmeras. Nuestro muelle está destruido. Durante los días siguientes, los muchachos del pueblo revisan la playa en busca de tablas faltantes y se las venden a papá por unos pocos pesos. Mientras tanto, los pilotes rotos sobresalen del agua como protuberancias de dientes rotos, marrones y astillados.

Las aguas retroceden y el banco de arena se cura como una cicatriz, sellando la laguna una vez más en su propio mundo. Yo exploro los cambios provocados por la tormenta, paso horas suspendida en

---

[1] Echar un 'chuipi': Provocar un chasquido con la boca en señal de desacuerdo o desaprobación.

el bote de remos, a la deriva, mirando el agua debajo de la superficie, que se oscurece en un color rojo rubí, pero todavía es lo suficientemente clara como para ver a tortugas, peces pequeños y renacuajos.

Debajo, hay una capa de sedimento que parece chocolate negro; yo lo muevo con un palo y lo veo asentarse. Tengo miedo del fondo que no se ve, las arenas movedizas que temo me atrapen y me traguen si me caigo. No importa que sepa nadar; el miedo siempre está ahí, debajo de la superficie.

Me da la misma sensación cuando pedaleo mi bicicleta por delante de la casa vacía que antes solíamos rentar, la de los asesinos que trabajan con Trujillo; o cuando es de noche y papá nos grita a mamá y a nosotras—algo que ha comenzado a hacer cada vez con más frecuencia. Sus borracheras son como una serie de tormentas interminables. Nos hemos vuelto muy buenas prediciendo lo que se avecina. Sus ojos son como un barómetro que me dice si es solo una ligera ráfaga que pasa o el comienzo de un ciclón que nos azotará durante toda la noche. Una parte de mí desea que Charlie hubiera sido una tormenta monstruosa, algo que hiciera que todo cambiara en nuestra vida, algo que sacudiera a papá y lo volviera diferente. Todavía no sé nada de la tormenta que dejará a nuestra familia en pedazos, como en un narufragio, tal como quedó nuestro muelle.

Nuestro perro Bobby sigue a papá.

CAPÍTULO TRES

AMIGOS Y ENEMIGO

Un año después de mudarnos a Miches, uno de los trabajadores de papá nos trae un cachorrito, una bolita alegre de pelo blanco y lengua rosada. "Para las niñas", dice. Papá al principio dice que no, pero mamá le ruega y finalmente dice que podemos quedarnos con él. Al perro le gusta sacudirse en la laguna y perseguir a las aves, que son demasiado listas como para dejarlo acercarse. Berta le pone Bobby. Mi tarea es asearlo: una palabra elegante para decir que debo sacarle las garrapatas. Todas las tardes lo siento en el escalón del porche con un par de pinzas y un frasco de queroseno y encuentro las garrapatas, todas llenas de sangre, tan gordas como uvas pequeñas. Bobby suele dormir afuera, en la enramada. Su lugar favorito es debajo de la silla de papá, excepto cuando está borracho. Entonces Bobby se mete el rabo entre las piernas y se desliza debajo de mi cama. Yo lo arrastro hasta mi litera y él me lame la cara.

Berta y yo hemos hecho buenos amigos en Miches, y jugamos juntos después que ellos terminan la escuela y nosotras nuestras clases. Papá no tiene buena opinión de las escuelas locales; dice que Trujillo promete a todos los niños una educación, pero que eso es propaganda y solo aprenden lo que El Jefe quiere que crean. "Apuesto a que no hay un solo adulto en este pueblo que pueda distinguir América del Norte o África o cualquier otro lugar en un mapa aparte de esta isla, y tal vez Cuba o Puerto Rico", dice.

Los viernes es mi turno de ir de compras al mercado; así que saco mi bicicleta y me pongo en marcha, deteniéndome primero en un puesto donde puedo encontrar el manjar local: dulce de coco. María la Sorda tiene un puesto de dulces frente a su casa, y los hierve poco a poco en un gran caldero. Bobby y yo seguimos el olor del carbón y el fuerte aroma dulce que hay en su calle.

"Buenos días", digo, demasiado alto. María la Sorda abre la boca y muestra una sonrisa donde no hay un solo diente y su cabello gris se agita en el moño. María ralla la masa del coco dentro una telilla de quesero y luego la exprime hasta que un chorro de líquido blanco cae en la cazuela donde están hirviendo la leche y el azúcar. A medida que el caramelo se espesa, ella lanza un manojo de ramitas que lleva metidas en una bolilla de tela, mientras el aire se llena de un aroma a canela y la esencia de las vainas de vainilla. Después de sacar el pesado caldero del fuego, María coloca una capa del dulce sobre una bandeja grande, donde se endurece antes de que lo corte en cuadrados para luego venderlos. Compro diez pedazos para llevar a casa. María la Sorda me da un abrazo de coco que se siente bien, cálido y ahumado—y me provoca un deseo: que mamá me abrazara así alguna vez. Que me abrazara, como fuera, y punto.

Con mi dulce aún caliente en la mano, corro a la tienda con la lista de mamá y espero no encontrarme con mi enemigo, quien a menudo me acecha en el mercado de Juan Kair. Paso a toda velocidad por delante de los pollos que se están cociendo en grandes ollas, y evito la mayoría de los baches que hay en la calle de gravilla. Bobby corre a mi lado, ladrándole a los gallos. Como hay solo unos pocos cacharros, el autobús y algunos camiones maltrechos en todo el pueblo, no me preocupa el tráfico, pero siempre estoy en alerta por si veo a mi único enemigo, un niño al que le llaman King Kong.

Una vez que llego a la tienda, miro a los alrededores antes de soltar la bicicleta en una esquina justo afuera del viejo edificio de madera. Quizás hoy esté a salvo. Entro a la tienda, que huele a café verde y naranjas dulces. Bobby me sigue, olfateando y moviendo su cola. El Señor Kair me envuelve la compra en el mismo papel marrón con que luego harían las bolsas. Tiene rostro amable y cabello blanco, que se le levanta en mechones. Él busca la lista de mamá y saca un tocón de lápiz de detrás de su oreja. Quiero que se apure, pero se toma su tiempo para envolver la mercancía. Arroz, frijoles colorados, azúcar y un trozo de carne de res, todo pesado cuidadosamente en una balanza oxidada. Me encantan los olores, incluso el hedor de la carne cruda que gotea sangre a través del papel. Él tacha el resto de la lista: una botella de ron, por supuesto. Aceite de coco, jabón y una libra de pan de agua, el pan local. Finalmente, me entrega la pesada bolsa y le da a Bobby una golosina, un panecillo rancio que este devora feliz. Estoy lista para poner todo en la canasta y regresar a casa. Sé que, una vez cerrada la puerta del patio trasero, estaré a salvo.

Pero hoy no tuve suerte. King Kong agarra mi bicicleta justo cuando salgo con las manos llenas de mercancía. Mi bicicleta desaparece por la esquina antes de que pueda agarrarla. Con una risa desagradable, pedalea hasta perderse de vista; su camisa se agita como una mariposa nocturna. Él es el buscapleitos del pueblo. Sé que simplemente pedaleará varios minutos hasta que se aburra y dejará la bicicleta a unas cuadras de distancia. Solo lo hace para asustarme, ya que todos en la ciudad saben que la bicicleta es mía. Hoy Jesús, el barbero, pedaleó con ella de regreso diez minutos después de que se la llevaran. Estoy sentada en la acera, tratando de no llorar. Bobby me lame la cara y gime. Cuando llego a casa, le cuento a mamá lo que pasó, pero ella dice que no puede hacer nada; además, había recuperado la bicicleta. Esa noche llevo a Bobby a mi cama conmigo y él se acomoda en mis pies. Le digo que hizo un buen trabajo tratando de protegerme del niño malo. Me lame los dedos y resopla, y eso me hace sonreír.

King Kong recibió su apodo en el cine ambulante que viene un par de veces al año. Esa caravana instala una planta eléctrica[2] en la galera, la arena de peleas de gallos del pueblo, que está junto al río, y pegan carteles de películas por toda la ciudad, prometiendo peligro y emoción. El sábado por la noche, justo después de la puesta del sol, los niños y los adultos acuden en masa a la choza con techo de paja. Por diez centavos todos se sientan en las duras gradas de madera que están en el oscuro cobertizo y huelen a excremento de pollo y a polvo. Nos acurrucamos mientras las imágenes en blanco y negro se mueven por la pantalla, que en realidad es solo una sábana blanca tendida entre dos postes. Las películas están dobladas al español. Los vaqueros del oeste con caballos que resoplan y héroes con revólveres son muy populares. Otras veces nos quedamos a la expectativa con villanos o historias sobre monstruosos dragones.

Una noche, un niño salta frente a la pantalla, su sombra se ve enorme y asusta a la audiencia. La película trata sobre un gran simio que trepa pequeños rascacielos y sostiene a una muchacha que se retuerce en su enorme mano. Imitando la acción de la pantalla, el niño salta y se golpea el pecho, gritando: "¡Yo soy King Kong! ¡Soy King Kong!" —luego alguien llega y lo saca de allí.

El nombre se le ha quedado. Hay días que tengo suerte, ya que el propio señor Kair ahuyenta al niño antes de que pueda agarrar mi bicicleta—pero aún así me da miedo. King Kong simplemente se aleja,

---

[2] Generador eléctrico.

sin pena, burlándose, "La próxima vez, la próxima vez, te atraparé".

La familia Gardner en Cocoloco, 1953.

CAPÍTULO CUATRO

RON

Papá no es alcohólico. No lo es porque los borrachos, según él, comienzan a beber en la mañana. Durante el día, papá trabaja duro en el negócio de la finca. A la hora del almuerzo, hace reír a mamá con chistes cursis o le dice lo bueno que estaban sus macarrones. Después de la siesta, le muestra a Berta cómo cambiar la goma de la bicicleta o me enseña más sobre perspectiva, para que pueda dibujar árboles y personas con la proporción correcta. Mientras brilla el sol, no le tengo miedo a papá. Es como cuando baja la marea y la playa está limpia y reluciente con conchas y tesoros por encontrar. Él no bebe hasta la noche, y dice que es solo para relajarse, pero eso no es cierto. Comienza con vasos grandes de ron y Coca-Cola al atardecer "para relajarse", pero ahí es realmente cuando comienza a activarse. Su forma de beber es como una marejada que llega, lo inunda todo y convierte a papá en algo aterrador.

Berta y yo le tememos al anochecer. Nunca sabemos si va a ser una buena o una mala noche. Mamá también bebe. Ella es feliz si papá está de buen humor, o se calla, triste, si él no lo está. En las buenas noches, juegan *scrabble* en el porche mientras se cuece la cena; se ríen y fuman cigarrillos, esos sin filtro que huelen dulce y podrido al mismo tiempo. A veces, Berta y yo también jugamos con ellos: *scrabble*, monopolio o parchís. Luego cenamos, limpiamos los platos y nos ponemos a leer a la luz de la lámpara hasta que es hora de acostarnos.

Pero en las malas noches, papá bebe hasta ponerse tembloroso y torpe—entonces cualquier cosa puede suceder. Puede que decida que iremos todos a bailar al bar local, pero cuando llegamos se cae borracho en la pista de baile, y mamá y Berta tienen que cargarlo para llevarlo de vuelta a casa. O invita a quien esté en el bar a venir a nuestra casa para una fiesta y luego cambia de opinión cuando la gente comienza a llegar. En esas noches, Berta o yo tenemos que recibir a nuestros invitados en la puerta y decirles que lo sentimos, pero que papá no se siente bien, yque no habrá fiesta. Aveces coge cuerda por algo que lee en las noticias y toda la familia tiene que sentarse en la sala mientras él despotrica y desvaría sobre lo que le molesta. Mamá no interfiere; fuma un cigarrillo tras otro y se encorva en un asiento de la esquina, casi como si fuera un fantasma. A veces, llora.

Incluso las noches buenas pueden volverse horribles porque, cuando hay fiesta, papá nos obliga a Berta y a mí a ponernos las faldas de paja y los collares de papel que trajo de Hawaii el año que reparó los sistemas eléctricos de los barcos en Pearl Harbor después de la guerra, y tenemos que bailar el *hula* delante de los invitados. Una vez, Berta dijo que no lo haría y papá le dio una pela. Yo me retuerzo de la vergüenza y trato de mover los brazos como papá nos mostró que lo hacen los verdaderos bailarines de *hula*. No quiero que me peguen. Incluso en las noches buenas, Berta se muerde las uñas y a mí me duele el estómago.

Cuando me escapo por primera vez, los palos y la gravilla laceran filosamente mi piel, y las olas se estrellan contra la orilla pedregosa detrás de mí con un silbido sordo.

Estoy agachada justo un poco más allá de la puerta de alante. Me duele el estómago y siento una presión en la cabeza. A esta hora de la noche no hay nadie más en el camino de tierra que bordea la orilla. Escucho que me llaman por mi nombre. Me quedo quieta, apenas respirando, con miedo de que me encuentren, con miedo de que no me encuentren. Ni siquiera sé cómo llegué aquí, y estoy demasiado asustada como para ir más lejos en la oscuridad.

Papá está muy borracho; le ha estado gritando a mamá. No recuerdo exactamente lo que dice. Se dio la vuelta para abofetearla, pero falló y se tropezó. Ella se encogió como un perro al que acaban de patear y le temblaban las manos. Se las frotaba como si pudiera limpiarse de ellas sus palabras. Mi cabeza se llenó con sus gritos. Él se inclinó hacia adelante y temí que la golpeara esta vez, pero en su lugar tiró al suelo un vaso. Se quedó allí, tambaleándose, mirando su bebida derramada, diciendo: "Maldita sea, maldita sea, ¡MALDITA SEA!"

Sé que, pase lo que pase, Berta y yo tenemos que quedarnos quietas hasta que papá diga que podemos irnos a la cama. Tenía tantas ganas de orinar que me estaba mojando, pero aguanté hasta que finalmente dije, casi llorando, "Tengo que irme". Y simplemente me levanté. Nadie se movió. Corrí al baño, temblando y, cuando terminé, no pude volver a la sala por los gritos. Luego salí por la puerta de la cocina y no recuerdo para nada haber corrido, pero aquí estoy, mirando a través de las plantas que están a lo largo de la reja y hacia la luz de la lámpara que parpadea dentro de Casalata.

Estoy aquí, estoy aquí, lloro en mi cabeza. "Deja de gritarle a mamá", susurro, como si papá pudiera oírme. Me duele la garganta; es peor que cuando tengo un resfriado. Me estremezco mientras me acurruco contra las rocas frías y las enredaderas que se me pegan.

Las linternas se asoman en la oscuridad como luciérnagas. Una luz me encuentra; es Berta. Está temblando, aunque no hace frío. Me carga con facilidad.

"¿A dónde pensaste que ibas?" pregunta en voz baja, sin regañar.

"No sé".

"Los asustaste. A mí también".

"No me importa". Empiezo a llorar de nuevo hasta que me quedo sin aliento. Berta se aferra a mi brazo como si yo fuera a intentar escaparme; como si hubiera otro lugar adonde pudiera ir.

"Lo odio", le susurro, las palabras apenas se escuchan.

"Sí". Su voz es plana.

"Me va a pegar".

"Lo sé. Mamá dice que no solía ser así; es el ron que lo pone así".

Ella me abraza y puedo sentir los latidos de su corazón. También tiene miedo, puedo olerlo. Más linternas. El rostro pálido de mamá se asoma entre las sombras. Bobby ladra y mueve la cola como si estuviéramos jugando. Papá me mira, pero, para variar, no dice nada. Cuando entramos a la casa, en lugar de darme nalgadas, papá se va a la cama sin decir una palabra. Así que es mamá quien me dobla en sus rodillas. Cuando papá me golpea, me duele mucho; pero las nalgadas de mamá son más suaves, como si en realidad no quisiera hacerlo.

Ella tiembla cada vez que su mano golpea mi nalga, es como si a ella también le doliera.

Después, Berta me deja acurrucarme a su lado en la cama y susurra en mi cabello.

"Cuando seamos mayores, Rita, podremos vivir juntas y yo te cuidaré".

Pienso en mamá sola con papá y trago saliva:

"¿Qué pasará con mamá?"

"Oh, seremos mayores para ese entonces. Solo seremos tú y yo. Ahora duérmete y no me patees".

Decido rezar, pero no puedo entender quién o qué es Dios. Todo lo que sé sobre él es que se supone que es un anciano barbudo con una capa blanca. Realmente no quiero rezarle al pobre Jesús. He visto imágenes suyas colgadas en la tienda, clavado y sangrando en la cruz, luciendo incluso más flaco que papá. Papá dice que Dios no existe. Cierro los ojos mientras escucho los ruidos de Berta mientras duerme y hablo en mi cabeza con cualquiera que, algún día, escuche y mejore las cosas, como en las historias con finales felices que suelo leer.

Dibujo del primitivo equipo de secado de copra.

CAPÍTULO CINCO

COCOLOCO

Papá dice que los cocos son como él: no sobreviven en climas fríos, deben tener un suelo cálido y arenoso y mucho sol. Los cocos crecen entre los Trópicos de Cáncer y Capricornio. Cocoloco está justo en la zona, a 18° de latitud norte. Durante el día, cuando papá está sobrio, a veces me lee un artículo que está escribiendo para *National Geographic* sobre nuestra finca.

Dice que espera que la revista lo publique. Escribe a mano y luego mamá lo mecanografía en la máquina de escribir portátil marca *Royal*. Por su artículo es que sé tanto acerca de los cocos, que son originarios del sur de Asia. Debido a que las semillas de coco flotan, estas se movieron a través del Océano Pacífico hasta costas lejanas, llevadas por las corrientes hasta que tocaron tierra y comenzaron una nueva vida en los trópicos. Los sobrevivientes de estos viajes salpican la orilla del agua a lo largo de la costa de Cocoloco. Las palmeras maltrechas, hambrientas de tierra de verdad, aún logran echar raíces en la playa justo por encima de la marca del agua. Las raíces son poco profundas y se extienden y se agarran a la tierra como cientos de tentáculos.

Las palmeras de coco rara vez se quiebran. Después que azota algún huracán, se recuperan y siguen creciendo, dobladas y retorcidas. Jorobadas casi a ambos lados por las tormentas, se extienden sobre las aguas poco profundas y finalmente se elevan buscando el sol. Las coronas verdes proyectan sombras en forma de arañas sobre el agua. Me gusta escalar estas palmeras náufragas porque puedo tumbarme sobre el tronco casi horizontal. Abrazando la superficie cálida y áspera, me inclino y veo las olas romper a unos pocos pies debajo de mí, mientras mi tronco (que flota en el agua) me mantiene a salvo.

La afición de papá por la bebida empeora. Nuestras palmas, en otro orden, crecen erguidas y orgullosas, y producen más y más cocos en cada cosecha.

En unos años más, estaremos en plena producción, a menos que azote un huracán. Él dice que, una vez que los árboles estén fuertemente enraizados, no tendremos que preocuparnos en absoluto por las tormentas. Pienso que tal vez mi familia es como un montón de cocos que llegaron a la orilla de la playa, tratando de extender nuestras propias raíces en una nueva tierra. A veces, por la noche, tengo pesadillas: un muro de agua que llega a la orilla. Debo encontrar algo sólido a qué aferrarme, y corro hacia una palmera, pero nunca puedo rodear completamente el tronco con mis brazos, y me despierto justo antes de que me lleve el mar.

En Cocoloco, estamos cultivando tres variedades de palmeras, y estas pueden polinizarse por sí mismas, pero, según papá, las abejas y los avispones ayudan en el proceso; y andan cientos de ellos zumbando por todas partes. La copra (o 'la masa', como le llaman los locales) es la carne seca del coco que papá vende a las empresas para que la conviertan en jabón y aceite de cocina. Papá dice que, en la India, donde por primera vez se le ocurrió la idea de Cocoloco, llaman "árboles del cielo" a las palmeras de coco porque cada una de sus partes se puede usar. En Miches, las hojas de las palmeras de coco se convierten en techos de casas o se trenzan en cestas y asientos para sillas, y los troncos se cortan y se usan como madera. Papá usa la dura cáscara interna como combustible para secar las cosechas de coco y convertirlas en copra. En su taller, fabrica pantallas de lámparas con la fibra de las cáscaras y convierte las media-cáscaras en bonitos cuencos. Mamá cocina con aceite de coco y todos nos lavamos el cabello y los platos con jabón de coco. Bebemos el agua punzante de los tiernos cocos verdes y comemos la masa del interior como si fuera una crema. Cuando la masa madura se endurece y adquiere una textura parecida a la de una zanahoria cruda, mamá la ralla para rellenar los pasteles de crema de coco y hacer glaseado para los bizcochos.

Papá dice que los cocos solo tienen un enemigo además de los huracanes: el escarabajo rinoceronte. Él escribe al respecto en su artículo:

La mayoría de las enfermedades que ocurren en las palmeras son causadas por un clima extremadamente seco o húmedo, por tanto, hemos tenido pérdidas muy pequeñas. Como las palmeras no tienen una raíz principal, sino cientos de raíces del diámetro de un lápiz que se extienden en todas direcciones, las plantamos a diez metros de distancia, lo que les da mucho espacio. Como las hojas de una palmera rara vez alcanzan las de otra, también se reduce la posibilidad de la propagación de enfermedades. El mayor peligro para las palmeras es durante los primeros cuatro años de crecimiento, y este es causado por los "catarones" o escarabajos rinocerontes. Estos se introducen en el tronco cerca del suelo, se comen el corazón y la palmera muere. Hemos probado varios métodos de control, y terminamos simplemente desenterrándolas con cuidado y matándolos. Los hombres que los cazaban también cortaban los troncos podridos para encontrar lugares de incubación y destruir las larvas. Debido a que los escarabajos rara vez atacan una palmera ya grande, este peligro prácticamente ha terminado.

He visto esas palmas enfermas, picadas de feos agujeros; las hojas mustias colgando, muriendo. Una vez Berta dijo que papá bebe alcohol para intentar matar lo que sea que se lo esté comiendo vivo. Me hace pensar en los escarabajos rinocerontes, que se arrastran por su interior y lo enferman, pero es el ron el que le está haciendo todo el daño a papá, por lo que puedo ver. Ella dice que papá tiene malos pensamientos por dentro y que el ron le ayuda a olvidarlos. "¿Qué tipo de malos pensamientos?", pregunto. Berta dice que tampoco sabe cuáles son, y mira hacia otro lado, mordiéndose el labio, como si supiera algo que no puede decir.

Al leer el artículo de papá sobre nuestra finca, nunca nadie sabrá que algo anda mal aquí. No hay malos pensamientos, recuerdos o borracheras: la vida es simplemente maravillosa. Nunca dice mucho sobre nosotras en su historia; todo es acerca de los cocos.

Como las palmeras de coco dan un nuevo racimo cada mes, que toma un año en madurar, y se pueden recolectar cada tres meses, entonces la finca también está dividida en tres partes. Así, la primera semana de cada mes se utiliza para la cosecha y la segunda para desvainar. El descascarado y secado se inicia durante la segunda o tercera semana, dependiendo de la cantidad, y se repite en la siguiente área el mes siguiente. El mantenimiento de la tierra y las palmeras lo hacen otros hombres que trabajan constantemente con el versátil machete, limpiando las ramas caídas alrededor de las palmeras y cortando la maleza que crece densa y rápidamente aquí en los trópicos.

Papá habla como si el ciclo de cosecha estuviera en orden y todo ha de ocurrir con la precisión de un reloj. Él está a cargo del secado de la copra, y nosotros hacemos el viaje a Cocoloco desde Miches cada tres o cuatro días durante las cosechas. Si el mar está muy agitado, como para tener el bote en el agua, entonces vamos a pie hasta la finca, lo que toma el doble de tiempo. Cruzar el río Yeguada puede ser fácil durante la marea baja o un viaje aterrador a través de una fuerte corriente durante la marea alta, mientras balanceamos los sacos de comida sobre nuestras cabezas y tratamos de no resbalar con una rama o roca sumergida. Son cuatro kilómetros desde el otro lado del río hasta Cocoloco.

Desde el momento en que alzo la bolsa de lona sobre mi hombro, estoy llena de pavor. En este viaje pasaremos tres días en Cocoloco, así que estamos cargados de mochilas— llenas de comida y libros. Si hubiera marea baja, la caminata por la playa sería un paseo por terreno llano. Pero hay marea alta, la arena es blanda y pegajosa, y nos hundimos hasta los tobillos en una humedad pulposa. El río Jovero se encuentra justo delante de la finca. Por lo general, ese río permanece cerrado, formando un charco en un estanque poco profundo, a la sombra de arbustos de hojas de parra y almendros, pero hoy se han abierto sus orillas, abriendo un camino ancho hacia la bahía. Después de una tormenta, siempre es difícil medir su profundidad, y ya sé que Berta o yo seremos, como siempre, enviadas delante para ver qué tan profunda es el agua. Con nosotras, que somos más pequeñas, como varas de medir, papá calculará el mejor lugar para que la familia cruce, y nuestros alimentos y suministros tengan más posibilidades de permanecer secos. Es mi turno en el Jovero.

Mamá toma mi mochila y yo me meto en el agua. Aprieto los dientes y avanzo a tropezones. Cada paso es una tortura porque no puedo ver por debajo de la superficie y tengo miedo de lo que pueda pisar. Después de unos pocos metros, de pronto, el fondo se hace más hondo y pierdo el equilibrio. Arrastrada por la corriente, intento cruzar furiosamente hacia el otro lado, jadeando y tragando agua. Papá, mamá y Berta toman un camino diferente y se adentran en el mar donde los rompientes de las olas chocan con la corriente, lo que hace más lento su paso. Berta carga a Bobby, pero él se suelta de sus brazos y nada fácilmente. Aunque el agua les llega casi a la cintura, mantienen el equilibrio y la comida llega seca. Mojada y enojada, escupo agua salada mientras mamá me vuelve a poner la bolsa en los hombros.

"Ya estarás seca para cuando lleguemos a la finca", me dice. Enciende un cigarrillo y aparta de mi cara el cabello que está chorreando agua. Giro la cabeza y miro la espalda de papá. Él ya va a mitad del camino que conduce a la casa sobre pilotes.

Papea diseñó la casa de la finca. La planta baja es abierta, tiene una losa de concreto con una mesa de picnic y un banco. Nuestra cocina es como un gabinete que está en la esquina, y sostiene una estufa de campamento marca *Coleman* y una linterna; también tiene estantes con vajillas y algunas cosas básicas de comida. Hay un barril en una esquina que usamos para coger agua de lluvia, pero no podemos contar con la lluvia, así que también tenemos una bomba afuera de la que sale agua salobre. Arriba hay un pequeño porche que conduce a una habitación individual con dos juegos de literas divididas por una cortina. Mamá y papá tienen un lado, y Berta y yo el otro. Las ventanas y la puerta están protegidas para evitar que entren las cacatas y los ciempiés.

Cocoloco es muy tranquilo y papá parece más feliz aquí. No bebe igual cuando está fuera del pueblo, pero ese pensamiento no me reconforta. Tiemblo, no de frío, sino del susto que me quedó desde el río Jovero. Berta brega con la bomba de agua mientras mamá guarda nuestra comida y yo enjuago mi ropa llena de arena. Ojalá pudiera huir, pero no tengo a dónde ir. Además, ya lo intenté una vez.

Retrato de Trujillo.

CAPÍTULO SEIS

ACCIDENTES Y MISTERIOS

El verano ha sido tranquilo. No estamos recibiendo ninguna revista de noticias ni las otras publicaciones de norteamérica a las que estamos suscritos; así que dependemos de los periódicos locales, llenos de historias que celebran el vigésimo quinto aniversario de El Jefe como líder del país. Un artículo señala que no ha habido guerras civiles desde que tomó el poder: un hecho sin precedentes en la nación. "Gracias a Dios y a Trujillo", por supuesto.

Recibimos una carta de los Jonsen, que viven en Ciudad Trujillo. Vendrán de visita a finales de agosto. Aparte de los Breeden, que son estadounidenses, estos son los amigos más cercanos de mis padres. Tienen tres hijos. Jaak tiene nueve años, uno menor que yo—y estoy enamorada de él aunque solo lo veo una o dos veces al año. Los Jonsen llegaron a la isla desde Estonia como refugiados cuando Alemania ocupó su país en la Segunda Guerra Mundial. Papá dice que Trujillo abrió las puertas a muchas personas de Europa del Este que huían de la persecución nazi, y que El Jefe les ofreció asilo porque estaba tratando de mejorar su reputación con las naciones aliadas. No entiendo bien la parte de la reputación, pero Berta me explica que, muchos años antes de que nos mudáramos a la isla, Trujillo tenía intención de derrocar a Haití, y en un momento ordenó el asesinato de miles de haitianos que vivían en el lado dominicano de la frontera entre los dos países. Según Berta, esto enfureció mucho al gobierno de Estados Unidos, así que Trujillo, para hacer que los estadounidenses pasaran por alto el desastre que había causado con los haitianos, decidió dar a conocer este gesto de buena voluntad: ofrecer hogar y libertad a las víctimas de la Segunda Guerra Mundial.

Berta dice que el plan de Trujillo realmente no funcionó muy bien. El primer grupo de refugiados fue enviado al norte, donde tuvieron que abrirse paso a machetazos a través de la maleza y la jungla para poder limpiar las granjas. Las personas de una pequeña colonia se convirtieron en ganaderos, y sus descendientes aún viven cerca de Sosua. Uno de los tíos de Carmen va a ese pueblo, al oeste de la península de Samaná, a comprar sus quesos. Dice que muchos agricultores allí tienen ojos azules y cabello amarillo. Otros refugiados se fueron a la capital y comenzaron allí sus negocios.

Le pregunto a papá que, si Trujillo hizo esas otras cosas malas, entonces, ¿por qué estamos aquí?

Papá mueve los brazos como si estuviera impaciente, y dice: "Oh, eso fue hace mucho tiempo. No puedes entender la política y, además, todo está estable ahora. No habría traído a toda la jodía familia aquí si no fuera seguro".

Berta dice que Trujillo solo quería a los extranjeros por el dinero y las habilidades que traerían, así estos se casarían con dominicanas y ayudarían a "aclarar" la raza. Ella dice que Trujillo, que finge ser de pura sangre española, tiene una abuela haitiana, y que se empolva la cara y el cuello para lucir más blanco de lo que realmente es.

Los Jonsen llegan y se quedan por una semana. Solo vemos a esa familia una vez al año, pero me gusta Jaak desde que tenía cinco. Tiene ojos azul cielo y cabello rubio y lacio que cae sobre su rostro. Es el chico más apuesto que he visto en mi vida, y el único chico o chica de mi edad con el que puedo hablar en inglés.

Estoy tan emocionada que pateo a Jaak en la tibia cuando llevamos a Frisky a dar una vuelta por la laguna y él se cae al agua. No es mi intención hacerle daño. Se levanta del fango y puedo ver que está tratando de no llorar mientras cojea camino hacia Casalata. Avergonzada, le grito: "Lo siento", pero él ya está adentro y no me escucha. Accidentalmente, suelto la soga del bote y ahora choca con las cañas de la orilla opuesta. Aprieto los dientes y nado para traerlo de vuelta. Le tengo miedo al agua, llena de tortugas que muerden y secretos oscuros en la parte donde es profundo y el fondo no se ve. Jaak me espera en la orilla, haciéndome señas para que le tire la soga. Él se ríe de mí cada vez que me resbalo en el fango y vuelvo a caer al agua. Noto que su tibia izquierda está de un color rojo brillante y raspada. Supongo que estamos empatados.

"Lo siento", digo de nuevo mientras el agua sucia del estánque se pega a mi ropa y mi piel.

"Estás loca, ¿sabes?", dice él.

Yo asiento con la cabeza y mantengo la mirada en su brazo extendido, que ya está mostrando algo de músculos, aunque solo tenga nueve años. Su pelo pálido cubre su antebrazo como una suave niebla. He estado leyendo *Lorna Doone*. Decido que Jaak es John Ridd, el pretendiente de Lorna, y me está sacando del peligroso pantano en los brumosos páramos de Inglaterra, lejos de las arenas movedizas que pueden tragarse a una persona viva.

La noche de la llegada de los Jonsen, mamá y papá se ponen al día con las noticias que han traído de la capital. Nosotros, los niños, estamos jugando a las cartas en un rincón del porche cuando las voces de los adultos se escuchan más bajas: esa es siempre una señal de que se está diciendo algo importante. Paro mis orejas para escuchar, y Berta frunce el ceño levemente y también vuelve la cabeza.

Jonsen está hablando de Jesús de Galíndez, un profesor de una universidad de Nueva York, que desapareció repentinamente en una estación de metro después de escribir un artículo que decía cosas malas sobre Trujillo. Todo el mundo dice que El Jefe ordenó que lo secuestraran y lo trajeran a República Dominicana, y que fue asesinado por orden suya. Papá y mamá se inclinan y prestan mucha atención.

Pienso en cuando alquilamos la casa verde, antes de que se construyera Casalata, y en lo asustado y enojado que estaba papá cuando se enteró de que el dueño era uno de los asesinos a sueldo de El Jefe. Desde entonces nos hemos mantenido alejados de los dueños cuando vienen a pasar un tiempo en su cabaña de vacaciones, excepto cuando había unas niñas, sobrinas, supongo, que llegaron en verano y querían jugar. Me parecían normales, excepto por tener ropa nueva a la última moda. Pero ellas no eran tan amigables con mis otros amigos dominicanos, como si de alguna manera las niñas de la ciudad fueran más importantes que las hijas de costureras o tenderos. Jugaban conmigo porque teníamos una finca o porque éramos estadounidenses. Ya me había dado cuenta de que ser norteamericana me hace diferente, pase lo que pase. Al menos nadie querrá hacernos daño.

Casalata se llena de risa durante el resto de la visita de los Jonsen y el tiempo pasa demasiado rápido. Cuando nuestros invitados se van, la quietud llena el aire. Siento una sensación de espera, pero no estoy segura de por qué.

No llegan revistas de noticias estadounidenses, solo la extraviada *National Geographic* cada unos pocos meses. A principios del año siguiente, el Sr. Jonsen nos envía una revista *Life* que tiene una historia sobre Gerald Murphy, un piloto estadounidense que trabajaba para la aerolínea dominicana local. Recuerdo haber leído un artículo sobre él en el periódico *El Caribe* hace unos meses, detallando que su auto vacío fue encontrado junto a un acantilado cerca de Ciudad Trujillo. Dijeron que probablemente había sido un accidente. Pero la historia de *Life* me pone la piel de gallina porque conecta al piloto con el profesor Galindez. El artículo dice que Murphy transportó a Galindez (vivo o muerto, no estaba claro) a República Dominicana poco después de su desaparición. Ahora Murphy también ha desaparecido, y este artículo dice que no es un casualidad: es un asesinato. El gobierno estadounidense está investigando ambos casos.

Más adelante en la semana, después de que todos hemos leído la revista de cabo a rabo, noto que las hojas de esta historia en particular han sido arrancadas. Haciendo los quehaceres del hogar al día siguiente, la encuentro hecha pedazos en la basura de la cocina, bajo un montón de borras de café. Mamá y papá no dicen una palabra más al respecto, pero está claro que no quieren que nadie más sepa que han leído la historia sobre el profesor y el piloto desaparecidos.

Arena de peleas de gallos, Miches.

CAPÍTULO SIETE

CAMPANAS DE IGLESIA Y PELEAS DE GALLO

Todos en Miches van a la iglesia los domingos excepto nosotros. Las campanas repican dos veces, alto y claro, una para la misa de las ocho, y luego otra vez para la de las diez. El sonido ondula a través de la ciudad y va a dar al río. Papá es antipapa y anticatólico, y tampoco le importan mucho los protestantes, aunque no hay muchos en Miches. El sacerdote, el Padre Daniel, es el único otro extranjero en la ciudad, un canadiense de la parte francesa que habla español con un acento marcado. Viene un día poco después de que se armó Casalata para invitar a nuestra familia a la iglesia.

Papá y mamá le dan la bienvenida y le ofrecen café. En el momento en que el Padre menciona la iglesia y que le gustaría que nos sumáramos, papá aprieta la mandíbula. Antes de que papa pueda decir algo, mamá abre la boca y habla en español.

"Lo siento, Padre. Somos protestantes".

"*The Hell I am*", dice papá en inglés y sale de la casa pisando fuerte.

El sacerdote niega con la cabeza y toma la mano de mamá entre las suyas.

"De todos modos, rezaré por ustedes".

Papá gira la cabeza, todavía a una distancia en que podemos escucharlo.

"No necesitamos sus oraciones".

Mamá se sonroja. Se frota las manos, sus nudillos son nudos apretados. Mi cara también arde y miro al suelo con vergüenza. Solo tengo siete años, pero sé que es mejor no hablar. Berta sale y dobla la esquina de la casa con un poco de ropa recién lavada que está colgando en la tendedera junto al arbusto de buganvilias.

Mamá encuentra al fin las palabras. "Gracias por su tiempo, Padre. Lo siento mucho".

El sacerdote baja la voz. "Todo está bien. Dios te bendiga a ti y a tu familia. Si alguna vez necesitan algo, estoy a su servicio".

Él asiente y me sonríe acariciando mi mejilla antes de salir caminando lentamente por el sendero.

Una vez que se ha ido, papá cierra la reja de un golpe y vuelve a subir por el camino de grava como si todavía estuviera enojado. Mamá levanta el brazo débilmente, como si estuviera pidiendo permiso para hablar.

Papá interrumpe. "Él no volverá a poner un pie en esta casa, no lo olvides. No confío en esos bienhechores". Papá aprovecha para desahogarse, y una vez más escuchamos que el mundo va a terminar mal por culpa de los católicos. No habrá suficiente comida para todos hasta que la maldita iglesia deje de decirles que sean fértiles y se multipliquen.

Cuando mis amigos se enteran de que no somos católicos, Niña dice que ella reza por mi alma. Daisy dice que lamenta que yo me vaya al infierno cuando todos, "si Dios quiere", estarán en el cielo. No me importa eso, porque el cielo suena como un cuento de hadas y sé que los cuentos de hadas no son reales. La única vez que me siento como si estuviera en la iglesia es cuando visito a Niña. Su nombre se le quedó después que su madre murió y ella se fue a vivir con su abuela. Las otras niñas creen que se convertirá en monja. Su casa es de madera y muy pequeña. En la diminuta sala de estar hay un cuadro de Jesús sangrando en la cruz colgado junto a la Virgen de la Altagracia, que sostiene al niño Jesús. Un retrato de Trujillo cuelga torcido en la pared opuesta. Un mantel con bordes de encaje que Niña cosió a mano cubre una mesa.

Las velas parpadean en unos cristales ahumados junto a una Biblia y el libro de oraciones. Sus rosarios de color ámbar brillan a la luz de las velas. Mi estómago adolorido se calma en la casa de Niña—aquí no hay peligro.

Ya sea por religión o no, papá no suele beber los domingos; así que es un día de descanso para todas nosotras. Me quedo despierta, acostada temprano en la mañana viendo cómo la ligera brisa agita el mosquitero sobre mi cabeza. Las campanas de la iglesia añaden música y estoy a salvo en mi capullo de malla. Oigo hablar a papá, y a mamá preparar el desayuno. Es el turno de Berta de poner la mesa. Me muevo bajo las sábanas con el gorjeo de los pájaros en el naranjo. Los domingos, mamá deja que Berta tome un poco de café con su leche caliente, pero a mí no me dejan tomarlo hasta que sea mayor. Berta lleva su taza al cuarto y me da un sorbo. Haciendo poco contacto visual con papá, quien anoche nos dio un sermón de tres horas sobre los males de la iglesia, tomo mi lugar en la mesa. Tose, dice buenos días y se enfoca en su comida. Me sonrío. Las campanas suenan de nuevo, última llamada para la misa de las ocho.

A pesar de que papá me ha prohibido poner un pie dentro de la iglesia, me he asomado mientras la luz se cuela por los vitrales, volviendo todo rojo y dorado. He visto la estatua de Jesús en su cruz, la sangre goteando por los agujeros donde lo clavaron a la madera, y la Virgen María de yeso sosteniéndolo en sus brazos.

Todos mis amigos están ahora en la iglesia, rociando agua bendita, tocando el rosario, rezando u obteniendo la absolución de sus pecados. Ojalá estuviera allí, sentada en el asiento duro que huele a madera enmohecida e incienso, lavando mis pecados. Tengo muchos malos pensamientos. Sé que está mal pensar en lo maravillosa que sería la vida si papá no estuviera en nuestras vidas, pero sueño con pararme firme y gritarle que *PARE de gritar, beber y hacernos daño*. Nunca hago eso, por supuesto, esos son pensamientos malvados. Seguro que sería bueno ser absuelta de mis terribles pecados; como lo fue Daisy la vez que maldijo después de que su hermano la tirara en un charco de fango. "El Padre Daniel dijo que rezara tres Avemarías, y eso fue todo, Dios me perdonó".

Zuleica dice que el Padre Daniel ora por nuestras almas en la iglesia, pero ya no intenta llevarnos a su redil. Aun así, se las arregla para ganarse el respeto de papá. Cuando Berta tiene 40 grados de fiebre durante toda una semana, es el padre Daniel quien las lleva a ella y a mamá a través de la montaña en su *jeep*, apurándose, corriendo hacia la clínica de El Seybo, donde tienen antibióticos y médicos. Él se sienta junto a la cama de mi hermana mientras ella alucina con fiebre, y luego obtiene permiso de la clínica para que mamá se quede con Berta en la misma habitación hasta que sea seguro volver a Miches. Y es el Padre quien toca a nuestra puerta con informes de la clínica, y es su ama de llaves que nos trae un sancocho para papá y para mí, que estamos solos en nuestra casa durante días. Los domingos me recuerdan al Padre Daniel y su bondad y, mientras papá ignora el sonido de las campanas de la iglesia, estas zumban dentro de mí como una esperanza brillante.

Al mediodía, todos los fieles se van a casa para el almuerzo de domingo, seguido de la siesta hasta las dos de la tarde. Miches se queda en silencio en el calor del mediodía, recogiéndose sobre sí mismo, respirando por un tiempo los pecados que han sido lavados por el brillante sol de la mañana y el amor de Dios.

Otra religión se apodera de la tarde. Después de la siesta, los hombres de todo el pueblo comienzan su peregrinaje semanal para el servicio de la tarde, no en la iglesia esta vez. Hombres y niños transitan constantemente por la calle San Antonio hacia la gallera. He ido en bicicleta por la arena de las peleas de gallos del pueblo en los días en que no hay nadie alrededor y me he asomado a través de los listones deformados. A pocas cuadras de nuestra casa, la estructura circular está bordeada por cinco filas de bancos rudimentarios. En el centro hay un terreno, la ronda donde pelean los gallos. Mamá dice que este no es lugar para nosotros, por eso no le digo que ya he explorado el lugar cuando no hay nadie, y que la tierra huele mal y las plumas ensangrentadas yacen esparcidas como hojas.

Los domingos, los espectadores abarrotan el campo de batalla y los niños pequeños se cuelgan de los postes, o de cualquier lugar, desde donde puedan ver bien una vez llenos los bancos. No hay mujeres ni niñas a la vista, excepto María La Sorda, que instala su carrito de dulces afuera. El silencio de la siesta da paso primero a pequeñas oleadas de gritos, luego el sonido se convierte en un rugido, puntuado por maldiciones o gritos de victoria. La gallera es el culto de la tarde, y las ofrendas a los dioses son las máquinas emplumadas de combate que dos hombres sostienen en sus brazos y ponen en el suelo. Estos gallos han sido entrenados durante meses. Los mejores pelean los domingos por la tarde. En la versión dominicana de los antiguos coliseos romanos, se hacen las apuestas, el ron fluye, y las batallas se libran durante horas.

A media tarde, el rugido de la gallera se amplifica cuando cientos de pies golpean los bancos con entusiasmo o frustración. Después de un rato, se convierte en ruido, como cuando cae un aguacero y no puedes oír. Cuando el sol comienza a ponerse, el trueno se desvanece y los ganadores y los perdedores se dispersan y vuelven a casa. Pueden arrepentirse de sus pecados el próximo domingo por la mañana en la iglesia.

Me pregunto qué se siente al gritar y animar a un pájaro a matar a otro. Lo siento mucho por los gallos. Días antes de una pelea, los hombres adultos llevan sus gallos bajo el brazo como si acunaran a un gatito, llevándolos a todas partes, mostrándolos con orgullo. Los pájaros tienen plumas brillantes, ojos relucientes y espuelas afiladas. Después, los que resisten un día en las peleas, están todos hechos jirones y se les deja en sus gallineros para que se curen mientras se prepara a uno joven y fresco para la próxima pelea.

Si no me prohibieran entrar a la iglesia, estaría rezando allí todos los domingos por la mañana por los pobres gallos. En cambio, leo mi libro y trato de ignorar el sabor amargo en mi boca cuando el ruido de la gallera se convierte en un rugido: el sonido de la victoria y el sonido de la muerte.

CAPÍTULO OCHO

LUZ Y RUIDO

Una de mis tareas es recortar la mecha de los faroles de queroseno, nuestra única fuente de luz durante los primeros años en Miches. También tengo que recoger los insectos que caen denro de la lámpara atraídos por la luz, y que se queman con la llama. Cuando trato de rescatarlos, termino quemándome también, así que los veo revolotear y convertirse en cenizas. También tengo que lavar el farol de la lámpara cuando uno de nosotros ha subido demasiado la mecha para tener mejor iluminación, pues esto hace que el vidrio se ahume y oscurezca.

La luz también atrae a los grillos; su zumbido agudo reverbera a través de las paredes de aluminio de Casalata, lo que hace que papá le grite a una de nosotras que tome el insecticida, los encuentre y los mate. Como todo lo que queremos es que papá no se enoje con nosotras en la noche, Berta y yo nos volvemos expertas en cazar a estas criaturas nocturnas y aniquilarlas con el espray de veneno de la pistola. Nuestro césped, en su mayor parte verde, está salpicado de hierba amarillenta, campos de batalla donde hemos ganado o perdido las guerras contra los invasores. Aparte de los grillos, las noches en Miches (a excepción de cuando papá grita), son tranquilas.

La única excepción es en junio, cuando una antigua ceremonia de tambores llamada 'velorio' tiene lugar durante nueve noches, justo antes de la celebración del santo patrón de la ciudad. La primera noche siempre es una sorpresa. Los golpes de tambor son bajos, lentos, lejanos, luego más rápidos, y se convierten en parte de la canción nocturna junto con el ritmo de las olas que rompen en la orilla. El ritmo hace bailar mis huesos y le da escalofríos a mis brazos y piernas. Entonces es difícil dormir, tengo un poco de miedo, pero no es miedo malo. Cuando sueño, es en rojos y naranjas intensos, chispas de fuego. A Papá le intriga el velorio y asiste a una de las ceremonias. Escribe sobre ello en el artículo para *National Geographic*:

Entras en el salón de la casa donde se lleva a cabo el velorio para hacer una pausa para una breve oración frente a un altar o santuario hecho en casa, que es bastante decorativo, y hay que hacer una contribución. Pasas por la casa saludando a los miembros de la familia y sales a una enramada iluminada por lámparas con mechas mojadas de aceite. Hay bancos para sentarse por todas partes, y de inmediato se sirve una infusión de café con aroma a hierbas.

Y luego viene la música, ¡si es que se puede llamar así! Se hace con dos tambores hechos de troncos, un palo que se frota en un rallador y un sonajero de calabaza. Lo que cantan es un híbrido entre un cántico y una canción, y se repite continuamente con los ritmos fuertes y variables de los tambores. La pista pronto se llena de parejas de baile de todas las edades. El ritual es bastante invariable. No es "vudú", pero tiene su propio atractivo y un sabor similar. Ciertamente nos da una sensación fuera de este mundo despertarnos en medio de la noche y escuchar el incesante latido de los tambores en una noche tropical silenciosa.

Para mí sigue siendo un misterio este tiempo de los tambores. Mis amigos dicen que los velorios son obra del diablo; extrañas costumbres traídas por los esclavos africanos hace siglos, parte vudú haitiano y pura blasfemia.

Se venera a todo tipo de espíritus de la tierra, no a Dios, ni a Jesús. Daisy dice que es solo para herejes ignorantes. Ella niega con la cabeza y baja la voz.

"Los espíritus... se ponen nerviosos. He oído hablar de que suceden cosas extrañas: la gente echa espuma por la boca, sus ojos se ponen en blanco y empiezan a hablar idiomas que nadie entiende. No es bueno llamar a los espíritus así. Tampoco es que crea en ellos".

Cuando se entera de que papá fue a un velorio, se santigua y dice que rezará un rosario por él. Nunca entiendo el propósito de todo esto, ni a qué espíritus se reza a la luz del fuego humeante. Solo sé que despierta una llama dentro de mí, algo caliente y ardiente, que me inquieta. *Ba boom, ba boom, ba boom*.

Parece que las únicas cosas con las que puedo contar son los espíritus de la tierra; al menos los que traen los vientos alisios y la lluvia que despierta semillas debajo de la superficie para perforar la tierra dura y enfrentar la luz del sol. También es la misma lluvia que hace que todo se someta, como los diluvios de palabras punzantes de papá. Aún así, nos sacudimos la suciedad y nos enfrentamos a la luz del sol todos los días, incluso si eso es todo a lo que aspiramos.

Espíritus de la tierra o no, los tambores se desvanecen lentamente a medida que a Miches llega la energía eléctrica. Es parte del plan de Trujillo para modernizar el país, pero el generador se rompe con tanta frecuencia que todos mantienen sus faroles de queroseno en los mismos lugares en los que siempre los han colgado, por si acaso. Gradualmente, las noches se vuelven cada vez más ruidosas. Las radios acallan los sonidos de la noche, ahogando el croar de las ranas, el silbido de los pájaros nocturnos y el batir de las olas. Y en junio, cuando empiezan los tambores del velorio, estos son débiles, lejanos, ya no son el latido de la noche. Ahora son los espíritus, y nuestros propios latidos, los que están siendo maltratados.

No hay nada que podamos hacer para detener la avalancha del ruido nocturno cuando Miches ya tiene electricidad las veinticuatro horas del día. Mamá guarda los faroles de queroseno para las noches que tenemos cortes de luz, pero esas son pocas. El bar de María Antonia tiene una máquina de discos nueva, y el bar que está en lo alto de las colinas se vuelve aún más ruidoso. Un par de estaciones de radio se unen al combate. Ahora nuestras tardes son estridentes con notas contundentes que silencian la sinfonía gutural de las ranas, el susurro de las hojas de palmera y la salpicadura de las olas. La frágil telaraña de sonidos de la naturaleza que solía calmar a papá es ahora solo un débil telón de fondo en este asalto de ruidos que se acerca a Casalata con una fuerza que agita a papá aún más de lo habitual.

Berta dice que se lo merece; que su trabajo anterior lo ha perseguido hasta aquí. No entiendo lo que quiere decir, así que ella se explica. "Nuestro padre, el ingeniero eléctrico que instaló represas de energía hidroeléctrica en países pobres antes de convertirse en agricultor de cocoteros, ahora está a merced de la energía eléctrica". Ella susurra que fue una tontería de su parte no saber que la electricidad llegaría a Miches, que por supuesto todo se volvería más ruidoso. Todo lo que sé es que las noches son peores ahora, incluso si todos nos metemos algodón en los oídos y nos tapamos la cabeza con las almohadas.

El día significa seguridad, un momento en el que puedo envolverme en la luz y volver a escuchar la música amortiguada de la mañana: el lento romper de las olas, el canto de un gallo, algunos perros ladrando, el golpeteo de la lata del vendedor de leche y el *clop clop* de los cascos de caballos en el camino afuera de nuestra reja. Todo está aromatizado con la esencia de los azahares y las ollas de mamá en la cocina. Es cuando puedo respirar mejor y tratar de olvidar una noche tortuosa. Pero un día, la seguridad desaparece al amanecer cuando un fuerte estrépito nos saca del sueño. Un ladrón, que aún es solo un niño, ha intentado entrar por la ventana de nuestro baño. Papá lo agarra por los brazos y le grita a mamá que llame a la policía. Esta viene y se lleva al aspirante a ladrón. El niño se ha cortado con el afilado alféizar de aluminio del baño y, cuando lo liberan, después de unos días, él cuenta una historia diferente: que papá lo golpeó con una cadena.

No hay lógica en la historia del niño, pero esta se incendia como un pedazo de paja seca y se extiende por todo Miches. Ahora mis amigos me preguntan qué pasó realmente, "¿Tu padre se volvió loco e hizo eso?" La situación empeora cuando la policía del pueblo decide que deben tener una audiencia en la corte para "averiguar los hechos" del caso, ya que el padre del niño ha decidido demandar a papá por golpear a su hijo en el césped. Entonces nos presentamos ante el juez municipal. Papá dice: "Esto es una locura, ¿qué diablos estamos haciendo aquí? ¡Somos las malditas víctimas, por el amor de Dios!"

El ambiente está quieto y pegajoso, y el sudor y el miedo corren por mis axilas. Berta y mamá llevan vestidos para la ocasión. Papá luce preocupado en su camisa de algodón azul y pantalones caqui. Sigue negando con la cabeza y repitiendo "Esto es una locura". Los ojos de mamá están ansiosos, su piel pálida. Juega con un mechón de su cabello que se ha escapado de su mariposita. Papá se sienta derecho y sostiene la mano de mamá. Me doy cuenta de que está hirviendo de ira. Seguro aparece esta noche en casa con una borrachera por la rabia. Es muy temprano para preocuparme por eso, así que sueño despierta con estar en los Estados Unidos, donde nunca podría suceder nada como esto, y donde nadie nos notaría de todos modos, porque lucimos igual que ellos. El juez reconoce que sería imposible que el niño dijera la verdad, pero decide multar a papá de todos modos por permitir que el niño se lastime con el marco de la ventana. Papá prácticamente salta del asiento, pero luego vuelve a sentarse en silencio. Mientras nos alejamos de la sofocante turba en el edificio y salimos hacia el calor del mediodía, me siento mareada y desequilibrada; mi corazón late con fuerza. Me tropiezo y Berta me sostiene. Parece imposible que alguien pueda creer que papá golpearía a un niño indefenso con una cadena. Los golpes de papá son con palabras, no con cadenas.

La silla de papá.

CAPÍTULO NUEVE

RETRATO DE CUMPLEAÑOS

Hoy es mi cumpleaños. Iba a tener una fiesta por la tarde, pero papá empezó a beber temprano, así que tengo que montarme en la bicicleta y pedalear por la ciudad hasta que encuentre a todos mis amigos y les diga que la fiesta se canceló porque papá está enfermo. Ellos saben lo que esto realmente significa. Ya se le conoce como el "americano loco", así que estos arranques no parecen molestar demasiado a los otros. Niña me da un abrazo grande y me dice que rezará un rosario por nosotros.

Ahora es de noche. Los shorts de papá cuelgan de sus caderas como ropa que amenaza con deslizarse lentamente de un perchero de alambre. El caqui se hunde formando una V debajo de su vientre. La piel color tabaco emana un leve olor a sudor rancio, ron y cigarrillo. Veo el cigarrillo, pegado por la saliva a su labio inferior, balancearse y soltar cenizas cuando nos habla. No entiendo estas cantaletas; esta vez está enojado con la empresa que compra nuestra copra y la de los camiones, que lleva dos semanas de retraso en recoger la última cosecha. Otro cigarrillo olvidado se quema en el brazo plano de una silla, justo al lado de su trago. La alfombra a sus pies está llena de huecos por las quemaduras. Se pasa sus enormes manos por el cabello fino y luego las precipita en círculos bruscos, casi tumbando el vaso de ron.

Mi vista lo pasa de largo y va hacia el gran mapa del mundo de *National Geographic*. Este ocupa toda la pared detrás de su silla. Está lleno de tachuelas: rojo para los lugares a los que ha ido solo, azules para los viajes con mamá, y blancas para los lugares a los que ha ido toda la familia. La alfombra de piel de llama, una gran calabaza tallada y un LP de música de flauta andina pertenecen a uno de los viajes de tachuela azul —los dos años que papá y mamá pasaron en los Andes peruanos justo después de casarse. Debajo del mapa hay un librero lleno de libros manoseados, una colección mezclada de los Oestes de Zane Gray, y de misterio, principalmente de Earl Stanley Gardner (que no tiene parentesco con nosotros). La luz amarilla de la lámpara esculpe sombras profundas debajo de la nariz de papá. De un coco seco, hizo papá la base de la lámpara. El tubo de la lámpara es una hoja de fibra de coco envuelta en una estructura de alambre. Cambio mi vista ligeramente y me pierdo en el patrón arremolinado que produce la sombra del apretado tejido de fibras. Intento que parezca que le estoy prestando atención a papá sin siquiera mirarlo, solo estoy esperando que se canse. Eventualmente, lo hará; solo entonces a Berta y a mí se nos permitirá ir a la cama.

Mamá se sienta en su silla y se deja caer de bruces sobre la mesa. Ella fuma y mira a papá con los ojos entrecerrados, a veces como con asco. No nos mira, y nosotras ahora estamos congeladas en nuestros asientos, en este ritual casi nocturno. Los ojos de papá se oscurecen. Le ordena a mamá que le prepare otro trago. Berta está tensa, cerca de mí, se pellizca el labio con una uña como siempre hace, a veces hasta sangrar. Sus facciones están como trancadas, duras e impenetrables. Sostengo mi estómago con ambos brazos como si pudiera protegerme de esa manera y mantener las lágrimas dentro de mí. Es importante no llamar la atención de ninguna manera. La voz de papá resuena y rebota en esta casa de paredes metálicas. Los grillos zumban afuera, atraídos por la luz. Rezo porque aparezca el sonido de las ranas que precede a la lluvia, pero el pantano está tranquilo. Ojalá la lluvia lo ahogara. Un buen aguacero lo enviaría a la cama, derrotado, superado por la naturaleza.

Pero la única tormenta está dentro de estas paredes. Estudio la alfombra y el desfile de llamas, las cabezas en alto, paradas unas detrás de las otras a lo largo del borde. Veo caer un cigarrillo y consumirse en el piso de cemento. Al menos esta vez no fue en la alfombra. Estoy ahogándome en una ira que no tiene adónde ir, así que sigue siendo un dolor que se queda adentro, hurgando cada vez más hondamente. Me arden los ojos de intentar mantenerme despierta. Estoy esperando el final de este momento, solo esperando a que el chubasco pase. No es un buen cumpleaños; solo otra mala noche en Miches.

A la mañana siguiente, papá está más callado de la cuenta y se sienta con su café en el porche del frente. Lo evito tanto como puedo, pero tengo que verlo en la mesa del desayuno. Él se quita un mechón de pelo lacio de su frente. "Solo estaba desahogándome", dice. "Sabes que eso es todo. Ven aquí". Me lleva a su regazo y me da un beso en la cabeza con ese aliento a cigarrillo que tiene. "Eres mi favorita", dice en voz baja para que nadie más lo escuche. Me retuerzo y le digo que tengo cosas que hacer, para que me deje ir.

Mamá recoge sus retazos y se lleva su café a su cuarto. Se sienta junto a la ventana en silencio, empezando a encargarse del bulto de cosas que tiene por coser. Sus dedos guían la aguja hacia adentro y hacia afuera, adentro y afuera, como si, de alguna manera, pudiera arreglar todo lo que está mal con tan solo poner parches en la tela raída y coser los botones que faltan. Hace una mueca cuando se pincha el dedo. Me ve en la puerta con un libro en la mano y esboza una ligera sonrisa. "¿Terminaste con tu clase de historia?", pregunta.

Esta noche, cuando papá se ha cansado de gritar de nuevo —ya van dos noches seguidas—, cuando finalmente nos permiten acostarnos, Berta se para frente al espejo del cuarto y se aprieta las espinillas hasta que sangran, mientras yo me escurro debajo del mosquitero. Cuando el cuarto está a oscuras, puedo oírla sollozar en la almohada.

No puedo decir si estoy soñando, pero es pasada la medianoche cuando escucho un ruido extraño que viene del otro cuarto. Suena casi como un llanto, pero no es mamá. Berta está dormida. El sonido se desvanece cuando la puerta de la entrada cruje al abrirse con sus bisagras de metal, y ahora me doy cuenta de que mamá también se está levantando de la cama, siguiendo el ruido que se escucha afuera. Luego hay un largo y extraño gemido, un sonido bajo que parece venir de algún lugar oscuro muy lejano. Yo sacudo a Berta hasta que murmura "Que, ¿qué?"

Intento decirle que algo malo está pasando afuera, pero solo me sale un susurro: "Tengo miedo", y luego ella también lo escucha. Toma mi mano, caminamos de puntillas hasta la puerta principal y nos asomamos. Mi corazón late y Berta me aprieta la mano tanto que me duele. La luna está en cuarto creciente, y lo suficientemente iluminada como para ver a papá de rodillas en la reja de la entrada. Mamá está arrodillada junto a él, diciendo algo que no podemos escuchar. Él la empuja y se queda allí, tirado en el suelo, llorando. La noche se queda quieta y ahora podemos escuchar sus palabras, no los gritos habituales, solo este extraño gemido.

"Dame una soga, Emily. Traéme una maldita soga". Alza la voz y se quiebra. "Déjame suicidarme; sólo quiero morir".

Berta se estremece. Yo apenas sí puedo respirar. Siento relámpagos en mi cuerpo, descargas eléctricas, rayos de peligro. Nos aferramos una a la otra, paradas en la puerta, paralizadas de miedo.

Mamá se acerca a papá y lo abraza. Él la empuja. "Todo ha sido un error, el maldito error más grande de mi vida".

Ella lo calma. "No, no, no. No digas eso. No digas eso. No lo dices en serio". Él se desploma sobre ella y se balancean juntos, lloran juntos bajo la pálida luz de la luna.

"¿Qué hacemos ahora, Berta?" Aprieto tanto los dientes que me muerdo la lengua.

"Nada. Él no va a hacer nada".

"Pero..." Su voz es suave, pero firme como una piedra. "No lo hará. ¿Entiendes? Simplemente no lo hará".

Nos quedamos ahí, medio escondidas detrás de la puerta, y miramos a mamá y papá mecerce de un lado a otro y su llanto se hace más y más bajo, hasta que todo lo que podemos escuchar es a mamá diciendo "Todo mejorará, cariño. Todo va a estar bien. Lo lograremos".

Una rana croa a lo lejos y otra contesta. Un grillo canta en la laguna, un mosquito ronda nuestras caras, buscando un lugar donde posarse. Papá se pone de pie tambaleándose, y mamá lo toma del brazo. Empiezan a caminar lentamente de regreso a la casa. Berta me empuja hacia nuestra habitación. "Date prisa", susurra. "Ellos nunca deben saber que vimos esto".

A la mañana siguiente, mamá hace café como de costumbre, pero papá se queda en la cama.

"Es solo un poco de gripe", dice mamá. Un resfriado. Él duerme hasta la hora del almuerzo y mamá le lleva una bandeja al cuarto. Se levanta después de la siesta y dice que se siente mejor. Se ducha y va camino a su taller. No bebe nada esa noche, pero yo apenas puedo dormir. Un peso se instala en mi pecho y me inmoviliza en la cama hasta el punto de creer que me estoy asfixiando. Sigo viendo a papá agachado en el suelo, rogando por una soga para ahorcarse. Yo decido ser realmente buena y que papá nunca se enoje conmigo, así no pensará más en esas cosas.

Berta nunca habla mucho de todas maneras, pero, después de este episodio, se vuelve aún más callada, al menos en casa. Ella se sumerge en los libros durante horas y horas, sola en un rincón lejano del patio, o se mete en el mar. En este lugar sin escape, Berta nada en la bahía casi todos los días, paralelo a donde rompen las olas a lo largo de la orilla, zambulléndose, girando y flotando. Se ve bronceada y alta, sola en el agua, cerca de las profundidades donde las aletas de los tiburones recorren la superficie y las mantarrayas venenosas vuelan por debajo. Yo me quedo cerca de la orilla, donde mis pies tocan el fondo, y me preocupo cuando Berta está tan lejos que es solo un punto que pierdo entre las olas.

"No me extraña que sea buena nadadora", dice papá. "Sus pies son grandes como aletas".

A sus trece años, los pies de Berta son tan grandes que no caben en los zapatos de mujer, por eso usa zapatillas deportivas de hombre. Ella es más alta que la mayoría de los dominicanos, pero tiende a encorvar su espalda, por lo que no se nota tanto. Pero en el océano se vuelve como un pez, y tan grácil como una sirena. Me alegra que no pueda oír el comentario de papá. Siempre la critica por una cosa o la otra, como aquella vez que la cadena de su bicicleta se zafó de la rueda y no supo arreglarla. Mamá no dice nada cuando papá habla así. Cuando Berta no está en el agua, o estudiando en sus clases, lee y escucha la radio portátil que solo podemos encender por poco tiempo, porque tenemos que guardar las baterías por si hay amenaza de huracán.

Ella ya no deja que papá la abrace; no como todavía hace conmigo cuando me sube a su regazo. Creo que está molesta porque él no la deja rizarse el pelo. Pero ella ha estado molesta con él durante mucho tiempo, así que tal vez sea otra cosa. Con esa forma que tiene, me recuerda a un cangrejo hermitaño, deslizándose hacia su caparazón cada vez que él se le acerca. Ella tiene ojos cautelosos, azules, y el cabello grueso y rubio, que destella como si fuera oro cuando lo cepilla al sol. No cree que sea bonita, pero le gusta su pelo brillante. Quiere dejárselo crecer por mucho tiempo, pero papá no la deja. Mamá nos corta el pelo al aire libre, siempre de la misma manera. Nos corta las pollinas justo por encima de las cejas y recto debajo de las orejas. Cuando Berta es mayor, le ruega a mamá que se lo deje crecer, y así lo hace hasta la noche en que papá le grita que el pelo largo no es práctico y, además, ¿qué diablos está tratando de hacer? ¿Lucirse ante los muchachos de Miches? ¿Eh? Berta solo baja la mirada y niega con la cabeza.

Últimamente a ella no le gusta que yo la acompañe cuando visita a sus amigas, pero, como sus hermanas menores son mis amigas, a menudo terminamos juntas en una fiesta en la misma casa, o, como hoy, que vamos a una fiesta de cumpleaños.

Usamos vestidos idénticos, que ya no nos quedan bien pues los tenemos desde hace dos cumpleaños. Camino a la casa, Berta cruza al otro lado de la calle.

"¿Por qué estás brava conmigo?", grito desde el otro lado del camino.

"No estoy brava, solo déjame en paz". Caminamos en silencio.

"¿Qué hice?", me quejo.

"Me incomodas. Me enferma cuando vas de lambona a donde papá. Siempre le estás pidiendo que te explique cosas".

Ella lo dice como si fuera algo sucio o repugnante. Es cierto, yo le pregunto algunas cosas, como, por ejemplo, cómo mezclar diferentes colores de pintura para lograr las tonalidades adecuadas, o de dónde vienen los huracanes, o por qué las ranas siempre croan cuando llueve. Creo que intento compensarlo por el hecho de que no soy el hijo varón que quería; un niño que puede arreglar gomas de bicicleta y piezas rotas de motor de barco. Solo hablo con papá cuando está sobrio, y parece que a él le agrada. Además, de esta manera no se suicidará, pero eso no se lo digo a Berta.

"Tengo curiosidad", digo, imitando a mamá cuando le pregunto por qué le gusta buscar palabras raras en el diccionario. Por supuesto, mamá también dice que aprender palabras elegantes le ayuda a ganarle a papá en el *scrabble*.

Cuando Berta me ignora, la molesto aún más. Ella se queja con mamá, que me dice que deje a mi hermana tranquila. Sin embargo, cuando estamos nosotras dos solas, a la deriva, surfeando las olas de rabia de papá, creo que de alguna manera Berta me protegerá si las cosas se vuelven insoportables, incluso si no podemos caminar por el mismo lado de la calle. Me aferro a ese pensamiento como si fuera la única verdad, como si pudiera evitar que me ahogara en el miedo.

Papá al timón del esquife.

CAPÍTULO DIEZ

PESADILLA

"¡Despiértense, niñas!"

La urgencia en la voz de mamá interrumpe mi sueño. Me aferro a este como si fuera un chaleco salvavidas que me salvará, pero es inútil. Mamá ya corrió el mosquitero a un lado y ahora me sienta.

Un tocadiscos explota la quietud de la noche. La campaña de cartas de papá en favor del silencio después de las 10 p.m. no ha funcionado. El jefe de la policía simplemente se encoge de hombros y dice que no se están violando ningunas leyes, el comandante del puesto de mando militar dice que no tiene autoridad, y el alcalde de la ciudad es un inversionista en el nuevo bar.

Sé lo que significa este aviso incluso antes de que mamá susurre: "Tu padre dice que vamos a la finca". Incluso con los oídos llenos de algodón, papá se ha despertado.

"¿Qué hora es?", murmuro. Berta gime, estirándose, ya despierta en la litera que está debajo de mí.

"Es tarde. No importa. No hagas esperar a tu padre". Ella enciende la luz. "Quince minutos", advierte. Berta se rasca los ojos y va dando tumbos hacia el baño.

Papá da vueltas en su cuarto y grita. "¡NO LO AGUANTO!", y explota, tumbando un vaso de su vestidor. Mamá lo calma, le dice que estaremos listas para irnos en un santiamén. Busca en el refrigerador y la despensa lo que haya de comida para mañana, y llena una bolsa de tela con lo que encuentra.

Navegamos por la costa en nuestro bote. Papá lo maneja desde el asiento trasero. Bobby se balancea a los pies de papá para mantenerse seco, está cerca del motor fuera borda marca Johnson de diez caballos de fuerza, montado en la popa. El asiento del medio es para mamá y Berta. Yo me siento en un espacio estrecho en forma de V en la proa, junto al ancla y una soga enrrollada. Mantener el motor funcionando es un desafío ya que no hay piezas de reparación disponibles aquí. Me preocupa que se detenga a mitad del viaje, una idea aterradora ya que papá tendría que quitar la cubierta y ver cómo puede solucionar el problema mientras estamos a la deriva. Cuando esto sucede, siempre tengo miedo de que nos vayamos flotando a mar abierto o de ser volcados por las olas que rompen en la orilla.

La bahía está llena de tiburones, morenas, mantarrayas y otras criaturas peligrosas. Durante el día estamos alerta por si el agua está más oscura, pues eso indica que hay un arrecife oculto ahí, pero en la noche vamos a ciegas. Navegar por la desembocadura del río Yeguada también es complicado, porque aquí la bahía se llena de limo y la profundidad del agua puede cambiar drásticamente. Una vez que pasas el Yeguada, es un tramo recto hacia la finca, pero por la noche es difícil ver nuestra casa entre la larga fila de cocoteros que bordean toda la costa hasta Punta Hicaco. Solíamos tener un muelle en la finca, pero las tormentas usualmente lo arrastraban y, finalmente, papá dejó de reconstruirlo. Esta noche la bahía está en calma. Al menos los ríos no están crecidos, inundando las montañas, arrastrando troncos, vacas muertas u otros escombros a la bahía —serían más obstáculos con los que podríamos encontrarnos en la oscuridad.

Nuestro bote es una sombra oscura sobre un mar negro. Me aferro fuerte a los bordes del bote, como si así pudiera evitar que se caiga a pedazos. Cocoloco está a unos cuatro kilómetros de distancia por tierra, y el viaje en el bote dura unos cuarenta minutos. La costa por la noche es una sombra borrosa e ininterrumpida de playa y de las puntiagudas siluetas de las hojas de los cocoteros. Nuestra pequeña casa en la finca está escondida detrás de unos árboles. Temblando de miedo y también por el agua salada del mar, hago un esfuerzo con la vista de encontrar tierra desde mi puesto en la proa, pero todo lo que puedo ver son formas vagas, algo que ocurre incluso en las noches más despejadas. Finalmente nos acercamos lo suficiente como para ver el techo de metal que refleja la luz de la luna, y navegamos hacia allí.

Cuando nos acercamos a la orilla, papá mueve el bote entre las olas que se rompen y saltamos y nos batimos hasta llegar a la arena en la playa. Él ancla el barco lejos de los rompientes y nada hacia tierra seguido por Bobby. Las estrellas brillan como joyas, y la luna penetra la oscuridad con su luz. Delante de mí, las luciérnagas entran y salen de las sombras de los arbustos de uva caleta. Tiemblo de alivio, pero también de frío. Miro hacia atrás a esa tenue luz al oeste que es Miches; estoy segura de que todos han estado profundamente dormidos durante horas, incluso cuando los tocadiscos retumban en la noche. No hay energía eléctrica en la finca, excepto cuando papá enciende el generador para secar la copra.

La linterna ilumina a lo largo del camino de tierra que conduce a la cabaña de madera sobre pilotes. Me quedo muy cerca de mamá y Berta, poniendo mis pies justo donde ellas pisan, para mantener lejos a los cangrejos de tierra y las tarántulas. Agotado por el esfuerzo de llegar a la finca, papá ahora está sobrio y cansado. Los únicos sonidos aquí son el susurro de los cocoteros jóvenes a nuestro alrededor y el repicar de las olas. Al menos ahora papá dormirá. Cuando abrimos el cuarto de arriba, suspiro de alivio y subo al santuario que es mi litera — después de buscar tarántulas o ciempiés con la linterna, porque a veces se cuelan, a pesar de que el cuarto está protegido por una malla. Mamá saca la bacinilla que podemos usar adentro de la casa solo para hacer pipi. De lo contrario, tenemos que salir por el camino oscuro hacia la letrina. Puedo esperar hasta mañana. No quiero luchar más contra los cangrejos y las arañas, sobre todo yo sola. El reloj marca la 1:35 a.m. Ha sido una noche larga para un sueño tan corto.

A la mañana siguiente, después de que termino mis quehaceres, Bobby y yo nos vamos al interior de la finca, nos detenemos en un arroyo para ver cómo se mueven los renacuajos, y luego seguimos una nube de mariposas hasta que desaparecen. Me cruzo con los trabajadores tumbando los cocos de los árboles con palos largos que tienen unos ganchos afilados en la punta. Me saludan. Están acostumbrados a verme andar de acá para allá. Otro grupo está descascarando los cocos, tirándolos con fuerza contra los picos afilados clavados en el suelo. Las cáscaras se dejan en la tierra para que se pudran y se conviertan en fertilizante. Las nueces se cargan en las alforjas en los lomos de tres caballos y un burro. Yo sigo detrás mientras los animales que llevan la carga se dirigen a un grupo de cobertizos en la playa. Allí se descargan las bolsas, justo donde están los hombres que quitan la cáscara dura con machetes para sacar la masa fresca del coco. El edificio con techo de metal rezumba con las moscas, el sudor y el sonido del descascaro.

Las virutas de cáscara de coco alimentan el gran secador de copra. Cuando estamos en la finca, Berta y yo nos turnamos para ayudar a papá a poner las virutas en el horno para que él pueda descansar. Berta me ve mientras cierra la puerta de metal de un golpe y deja la pala.

"Es tu turno", dice, secándose la frente. "Voy a nadar. Papá debe regresar en unos minutos".

El horno crepita y las chispas vuelan por entre las grietas de la pesada puerta. Este lugar está diseñado para dejar entrar la brisa del mar, pero el aire caliente que fluye del horno al secador industrial hace que mi piel se ponga pegajosa. Papá maneja la secadora desde el amanecer hasta el anochecer; y en dos días convierte cinco mil nueces frescas en copra. Cada unos pocos minutos abro la puerta que chirría y meto las virutas con la pala. Siempre tengo un libro cerca para pasar el tiempo, por eso me espanto cuando aparece papá. Él revuelve mi cabello, como si el viaje de pesadilla de anoche no hubiera ocurrido. Supongo que no fue una pesadilla para él.

"¿Qué estás leyendo?"

Cojo el libro y le muestro el título. Es una vaquerada de Zane Grey. Papá imita a un pistolero sacando su arma con destreza, y es divertido, así que me río. Él recoge la pala y yo me meto el libro en el bolsillo.

"*See you later, alligator*", dice.

"*After a while, crocodile*", respondo.

Cuando cae la noche, nos preparamos para uno de los rituales favoritos de papá, que ocurre a lo largo de los sinuosos senderos de la finca —la caza de la cena. Ejércitos de cangrejos de tierra se alimentan de la tierra arenosa de Cocoloco. Tienen doce pulgadas de largo y pueden tener desde un color carmelita caqui a uno azul plateado; los machos son los más aterradores. Una de sus tenazas es del tamaño de la mano de un niño, mi mano. Las partes de adentro de sus pinzas son dentadas y afiladas, lo suficientemente fuertes como para perforar un coco joven. Salimos en el medio de una llovizna, cada uno de nosotros está armado con una linterna, un saco de tela y algún tipo de instrumento desafilado. El mío es una pequeña azada. La noche se avecina a nuestro alrededor mientras chapoteamos en fila por el fango; nuestros zapatos empapados tan solo unos minutos después de haber empezado la caminata. Apuntamos nuestras linternas como pistolas mientras chapoteamos, nos deslizamos, nos resbalamos... Papá nos guía por el camino, seguido por mamá y por mí. Berta está en la retaguardia porque tengo demasiado miedo para ir de última; la oscuridad se traga todo lo que hay detrás de nosotros. La regla es que la primera persona que vea un cangrejo debe detenerse y avisarle al resto de la familia.

"¡Veo uno!", grita mamá. Señala a un gran cangrejo que se ha detenido momentáneamente por la luz. Corre de un lado a otro, sus tenazas se mueven como si fuera un boxeador en el *ring* y sus ojos saltones giran de lado a lado. Berta levanta su pala y lo golpea hasta que deja de moverse. Papá ayuda a levantar a la criatura que supura, lo recoge con cuidado por el caparazón, sin tocar las tenazas, por si todavía no ha muerto. Lo arroja al saco de mamá y seguimos adelante. Tengo suerte de que esta noche no tengo que ser la asesina. Aún así, tengo que cargar mi parte del botín. Después de tener varios en la bolsa, volvemos a casa donde Berta enciende el farol Coleman y mamá pone la olla grande de agua hirviendo en la hornilla de campamento. Papá prepara los cangrejos: les quita las tripas y el caparazón. Saca cada una de las muelas por separado —el premio: están llenas de carne. Berta bombea el pozo y limpia todo el reguero. Pongo la mesa estilo picnic con platos y un rompenueces de los grandes de metal que tiene bisagras. Secos y a salvo alrededor del silbido del farol, nos sentamos a comer. Después de la cena, Berta y yo arrastramos los cadáveres a la pila de abono, donde el sol blanqueará el creciente montículo del color de las cenizas, la palidez de la muerte.

Rita y Berta en Frisky en la laguna.

CAPÍTULO ONCE

A PRIMERA VISTA

Hay un clima sofocante, pegajoso y quieto. Los vientos alisios están aguantando su respiración para variar, como si esperaran una señal para poder exhalar. Es el verano antes de que Berta se vaya a la escuela secundaria en Florida, ya que ha terminado todos los cursos por correspondencia disponibles. Viajamos a la capital para comprarle algo de ropa nueva y terminar de preparar su viaje a Estados Unidos. Nos encontraremos con los amigos de mis padres, Norma y Ed Breeden.

Ellos son expatriados como nosotros, viven en Ciudad Trujillo, en una casa situada en una calle con aceras sombreadas en la colonia americana. Los niños de la colonia van a la escuela americana y visten ropa bonita. Pienso que así también será la vida de Berta en Estados Unidos.

Cuando Berta se vaya, tendré nuestro cuarto para mí sola. Desearía poder ir con ella, pero solo tengo doce años y tengo que esperar hasta que llegue mi oportunidad, para eso falta una eternidad. Le hago prometer que me escribirá a menudo, así puedo imaginar mi camino en los años que me quedan por soportar. Será como cuando jugaba con mi muñeca Diana e inventaba otra infancia, la que hubiera querido tener, pero no tuve. Pasaba horas debajo de la litera, donde hice una casa de muñecas con una caja. La llamé Diana en honor a la diosa de la caza sobre la que leí en un viejo libro sobre mitología. Ahora estoy demasiado mayor para las muñecas.

Cuando entramos a Ciudad Trujillo, el carro público toca la bocina de camino al Hotel Presidente, donde un gran retrato de Trujillo mira hacia abajo desde una pared. El pecho de El Jefe está cubierto de medallas, desde sus hombros hasta la cintura, y parece la imagen de un rey medieval salida de uno de mis libros de historia. Cuando entrecierro los ojos, su cara se enfoca. Los ojos de El Jefe miran alrededor de la habitación como si nos estuviera observando. Sus labios sonríen, pero sus ojos parecen muertos, como el pez que atrapé y que, después de retorcerse, quedó muy quieto. Mamá me saca de ahí y tomamos el ascensor que chirría hasta nuestras habitaciones. Estos viajes a la capital son las únicas veces que Berta y yo estamos en un cuarto con una puerta real en lugar de una débil cortina entre nosotras y el cuarto de nuestros padres. Berta abre la ventana y miramos dos pisos hacia abajo, a la calle, donde hombres en camisas de guayabera llevan maletines y las mujeres taconean con sus zapatos altos. Imagino que están mirando las vidrieras en tiendas donde los maniquíes modelan las últimas tendencias de la moda que vienen directamente desde Nueva York. Los vendedores ambulantes venden boletos de lotería en las esquinas, compitiendo entre ellos para ver quién tiene los números ganadores. Un vendedor de frutas tira de un carrito lleno de naranjas peladas y trozos de piña, pregonando "Naranjas dulces, piñas".

Después de desempacar, almorzamos en un restaurante chino que está al cruzar la calle. Papá pide varios platos para que todos podamos probar cosas diferentes. El postre no tiene nada de chino, pues es un flan aguado. Papá y mamá están hablando de los nuevos disturbios políticos aquí en la capital, donde los estudiantes de la universidad están organizando manifestaciones antiamericanas. Parece que el gobierno de los EE. UU. hace poco criticó al régimen de Trujillo, y los periódicos locales están llenos de cartas a los editores denunciando a los imperialistas yanquis y sus mentiras acerca de su amado Benefactor. Tomamos un taxi hasta el apartamento de los Breeden. Cuando papá le da la dirección al chofer, el hombre frunce el ceño y dice que deberíamos tener cuidado; ha habido algunos problemas cerca de la embajada de los Estados Unidos.

Ed Breeden nos saluda y le avisa a Norma, su esposa, sentada frente a un televisor junto con un grupo de otros estadounidenses. Ninguno sonríe, pero ella se levanta de un salto y nos abraza. Norma es del tipo asustadizo y nervioso; es bonita a la manera de Joan Crawford —tiene su figura y sus ángulos. Ed es alto, callado y habla con suavidad.

Norma dice que Trujillo está furioso porque el presidente Eisenhower ha hecho una declaración condenando sus acciones y acusando al gobierno dominicano de corrupción. Así que ahora El Jefe está en televisión, su voz tiene un tono alto y se nota enojado, sus brazos se mueven hacia arriba y hacia abajo haciendo temblar sus medallas. Se parece al retrato del hotel, pero es más pequeño y gordo. Los adultos le están prestando atención a la transmisión, pero yo estoy intrigada por la propia televisión, la primera que he visto en mi vida. Me escurro entre las sillas y encuentro un lugar en el suelo, justo en frente del mueble, y me siento a mirar. Mamá me tira del brazo y me saca de allí. "Estás bloqueando la vista de todos. Ve a sentarte con tu hermana".

Me voy al fondo de la habitación y Norma se acerca, enérgica.

"Rita, puedes venir a jugar con nosotros. ¿Por qué no te sientas en una de las sillas?"

"Eh, no puedo ver la televisión desde allá".

"¿Qué quieres decir?" La voz de Norma se eleva. "Emily, ¿alguna vez le has medido la vista?"

"No, por supuesto que no", dice mamá. "Ella hace bien sus lecciones y lee todo el tiempo".

De repente recuerdo lo que jugamos en la playa en Cocoloco, cuando papá nos dice que contemos la cantidad de botes que vemos en el horizonte. Nunca puedo ver ninguno de ellos a menos que estén cerca de la costa, así que mis respuestas siempre están mal y papá se enoja conmigo.

Norma y mamá se van a la cocina para hablar y yo me entretengo con una revista *Life* llena de anuncios coloridos de los nuevos carros Chevrolet, cigarrillos Camel y otras cosas exóticas. Norma viene con una bandeja de galletas. "He convencido a tu madre para que te deje ir a ver a nuestro oculista mañana. Creo que solo necesitas espejuelos". Tomo una galleta y asiento cortésmente, pero no me gustan los médicos porque te dan inyecciones que duelen. Espero que mamá se olvide de hacer la cita.

Los Breeden nos llevan a cenar esa noche a un restaurante famoso por su paella española. "Toma una hora prepararla", dice Norma mientras nos sentamos, "pero, ¡Dios mío, es buenísima!" A menudo habla con tonos de exclamación.

Berta y yo nos concentramos en nuestra comida y nos sorprendemos cuando, de repente, se hace un silencio en nuestra mesa, y luego la voz de Norma corta el silencio. "¡Pero por supuesto que lo harás!", le grita a papá.

Norma no le tiene miedo a papá en lo absoluto. Casi no recobro el aliento al ver que le grita tan fuerte como él a nosotras. Él tiene un cierto brillo en sus ojos cuando discuten, casi como dos gallos de pelea.

Mamá nunca le contestaría a papá. Recuerdo la única vez que lo hizo. No sé lo que papá le dijo, pero la voz de mamá de repente se elevó de un chillido a un torrente de palabras que se hicieron cada vez más fuertes, y que rebotaban en las paredes metálicas. Me escondí detrás de la puerta de la cocina. Papá se puso rojo y levantó el puño como si fuera a golpearla, y ella se detuvo, como si se apagara un interruptor.

Luego se escuchó de papá un gruñido escalofriante y bajo, sin gritar, solo palabras cortadas bruscamente, una tras otra. "¡Nunca—más—hagas—eso!" Yo miraba horrorizada mientras mamá se encogía y su indignación flotaba en el aire como una tormenta eléctrica.

Pero aquí está Norma Breeden gritándole y ladrándole a papá y él solo se ríe. Ella continúa inclinándose directamente en la cara de papá. Yo miro a mamá, que no ha dicho una palabra; es casi como si ella le tuviera miedo a Norma también.

Aguanto la respiración. Norma prácticamente está gritando ahora: "¡Ustedes necesitan unas verdaderas vacaciones, por el amor de Dios! ¿Hace cuántos años no han estado en casa? Váyanse de aquí por un par de semanas. Por Dios, Jesse. ¡Los cocos no se van a ir a ninguna parte!"

Allí mismo, esa noche, se decide todo. Nuestra familia irá a Florida y dejaremos a Berta con unos amigos de los Breeden que la llevarán a su nueva escuela. Mamá, papá y yo volaremos a Nueva York una semana entera para estar con nuestros parientes. Cuando los Breeden nos dejan en el hotel, abrazo a Norma—aunque tenga aliento a vodka. "Pobre niña", susurra para que solo yo pueda escuchar, pero no sé a qué se refiere.

Apenas duermo esa noche. Siento una punzada en mi pecho de la preocupación mientras me pregunto si papá cambiará de opinión sobre el viaje mañana, cuando esté sobrio. Pero no lo hace.

Extendemos nuestra estadía en la capital, y papá se apresura a todas las agencias pertinentes para conseguir nuestras visas. Mamá y yo tomamos un taxi para ir al oculista de Norma. Después de las pruebas, el señor llama a mi madre aparte. Cuando regresa, ella me dice, "Parece que tienes una miopía extrema. No tenía idea". Me dejan escoger una moldura para mis espejuelos, y elijo una negra que se eleva como si fuera un ojo de gato a cada lado.

Regresamos dos días después a buscar mis espejuelos nuevos. No sé qué esperar. Mantengo mis ojos cerrados cuando me los prueban, y luego parpadeo, parpadeo de nuevo, y casi salto de la silla. Puedo ver los poros de la piel del doctor y distinguir cada hebra de cabello. Cierro los ojos de nuevo, los abro y descubro que puedo ver todo hasta el otro lado; ahí está mamá sonriendo. Sus labios, recién pintados con "Fuego y Hielo" de la marca Revlon, son de un color rojo brillante.

Me quedo muda y camino con cautela por el suelo, casi con miedo de caminar, como si pudiera tropezar con el aire. Todo tiene un color nítido y forma clara. Recojo una revista y empiezo a acercarla a mi cara, pero ahora no tengo que hacer eso. Abro la puerta a la calle y casi es más de lo que puedo soportar. Ya nada está desenfocado, autos, personas, árboles, todos tienen aristas, comienzos y finales.

De regreso al hotel, Berta y yo nos quedamos despiertas por la noche mirando la plaza que hay debajo; es brillante con luces de neón y el rojo y amarillo de las luces de los carros. Entra una lluvia con neblina y transforma la calle en reflejos tan bonitos como la bisutería de mamá; las superficies guiñan y cambian de color con los chapoteos y las salpicaduras. A la mañana siguiente, en el desayuno, papá le lee a mamá en voz alta un artículo de *El Caribe*. Es un texto que denuncia todas las mentiras que los estadounidenses están difundiendo sobre Trujillo. Este artículo menciona a un escritor dominicano que supuestamente ayudó a los Yankees a difundir mentiras. Ha sido encontrado en el lecho de un río seco, quemado hasta morir dentro de su automóvil. Parece que hay una gran cantidad de autos quemados en las noticias en estos días. Al igual que en la noticia sobre el piloto estadounidense de hace uno o dos años, el periódico lo reporta como un accidente, y dice que Trujillo envió una enorme ofrenda floral y condolencias públicas a su familia. Papá y mamá dicen poco sobre este informe. Sus silencios son casi tan reveladores como los detalles de un bote que sé que ahora podré ver, muy lejos en el horizonte.

Berta.

CAPÍTULO DOCE

VOLANDO ALTO

En agosto salimos hacia el aeropuerto. El capataz de papá cuidará a Bobby mientras no estemos. Berta tiene una nueva maleta, es blanca perlada con diseños brocados de flores y brillantes broches de oro. Mamá sonríe más de lo normal. Ella telegrafió a la tía Libb, su cuñada, que vive en la casa familiar en Southampton. La tía Libb es viuda.

El hermano de mamá murió una noche, hace unos años, cuando un tren chocó con su auto. Supimos de esto por un telegrama, y mamá no fue a Estados Unidos para el funeral. Ella dijo que papá la necesitaba en casa. Berta dice que papá fue cruel al no dejarla ir a ver su único hermano ser enterrado.

Llegamos al aeropuerto con tres horas de antelación. Mamá y papá parecen nerviosos, como si tal vez los funcionarios no nos fueran a dejar salir del país por alguna razón. Mamá tiembla cuando atravesamos los diferentes puntos de control, donde un papel u otro es revisado, acuñado o devuelto. Guardias armados patrullan los salones y la zona de aduanas. Papi fuma su cigarrillo con bocanadas rápidas, y mamá sigue limpiándose la frente. Siento que voy a vomitar de los nervios y la emoción. Berta se sonríe para sí como si ya su aventura hubiera comenzado. El avión de Pan American espera en la pista, todo plateado y brillante. Yo salto de alegría.

"Compórtate, querida", advierte mamá, pero finalmente sonríe mientras subimos las escaleras de metal. Una mujer bonita en un traje azul oscuro me da un chicle y un sellito de plata con forma de alas. ¡Soy una joven azafata! Ella nos muestra las bolsas de papel que usaremos si nos mareamos, algo que Berta tiene que hacer poco después del despegue. Me siento recta y bebo una taza de ginger ale, lo que me hace sentir como una adulta. Mamá y papá están tomados de la mano y Berta mira las nubes por la ventana, parecen bolas de algodón.

El aeropuerto de Miami es ordenado y silencioso, incluso cuando tiene anuncios que repican en los altavoces entre segundo y segundo. Todo está tan limpio que se siente como si estuviera en una película o un sueño. Berta pone unas monedas en la máquina expendedora y saca un paquete de galletas de queso. Me da uno de los pequeños cuadrados, me siento como si estuviera en la iglesia católica y esta fuera una hostia de comunión, un sacramento especial. Berta se ríe a carcajadas y yo también. Reímos mucho y nos tomamos de la mano hasta que la recoge un amigo de los Breeden que la llevará a la escuela. Mamá solloza y hasta papá se seca las lágrimas cuando la dejamos.

Los tres volamos a Nueva York, donde mamá prácticamente cae en los brazos de su cuñada. Puedo decir que mamá ha extrañado terriblemente a su familia, a pesar de que nunca dice nada sobre ellos. La casa de mi abuela en Long Island parece salida de un cuadro, está bajo unos árboles frondosos y rodeada de césped. La casa parece anclada en el peso de la historia; un lugar donde las generaciones vivieron y murieron. Nuestros parientes de Nueva York no son como nosotros, que revoloteamos como mosquitos en lugares cálidos, aterrizando aquí y allá hasta que finalmente nos asentamos, si es que se puede llamar así, en una isla con un dictador peligroso y la constante amenaza de los huracanes. Casalata ahora parece endeble y desnuda en comparación con esta casa sólida donde nació mamá.

En el interior, el pasillo es oscuro, frío y huele a madera pulida. La curva de la baranda me atrae y subo las escaleras, silenciadas por las alfombras de lana descolorida. Una pizca de naftalina me sigue hasta arriba y me trae un vago recuerdo de cuando papá estaba entre algunos de sus trabajos de ingeniería y nos mudamos de regreso a Southampton durante casi un año, cuando yo tenía tres. Así que este lugar es extraño y familiar a la misma vez. Mis primas Ann y Mary me llevan a su habitación, y de repente estoy jugando en inglés, hablando en inglés y comiendo comida americana. Los recuerdos de estar lanzando bolas de nieve y haciendo ángeles de nieve flotan en mi mente, y le pregunto a Mary, "¿De verdad hicimos eso?"

Ella dice que sí y saca algunas fotos antiguas. "Tú eras una bebé". En la imagen todos estábamos riendo y cubiertos de nieve, pero no logro recordar cómo se siente ese tipo de invierno.

Caminamos por las limpias calles hasta la Hildreth's Department Store, donde mi abuelo trabajó toda su vida como contador. Mamá me enseña el mostrador donde ella vendió limpiadores y trapeadores para el polvo después del horario de la escuela. Visitamos la casa de mi padre, a unas pocas millas más allá, del otro lado de la isla. Mi abuela Gardner era la dueña del Sag Harbor Express, el periódico local, y mi tío ahora lleva el negocio. Papá dice que mi tío no es bueno con el trabajo, y que en realidad es su esposa la que dirige el asunto. Lo dice como si fuera algo malo.

Vamos a dar un paseo en el yate de mi tío por el Long Island Sound, como lo hace la gente rica que sale en las fotos de las revistas. Las jaulas para cazar langostas se amontonan en la costa y todas las rejas parecen estar pintadas de un blanco brillante y limpio. Como si la naturaleza aquí estuviera impoluta y pulida solo para nosotros. Los días en Long Island son verdes y azules y frescos, y terminan rápidamente.

****

Estamos de regreso en la República Dominicana demasiado pronto, y durante varias semanas todo parece muy ruidoso, polvoriento y sucio. Pienso en lo extraño que debe ser nuestro estilo de vida para cualquier extranjero. Pero mis amigos se emocionan con los elegantes jabones y otras cosas que he traído como regalo. Pensé que estaría feliz de tener todo el cuarto para mí, pero me siento sola sin Berta, como si parte de mí se hubiera ido en su maleta blanca. Bobby parece estar feliz de saltar a la cama vacía de Berta por la noche, mientras yo me inclino y lo acaricio desde la litera de arriba. La soledad desaparece cuando mueve su cola peluda y me ruega que le lance ramas para perseguir. Mamá parece triste durante las primeras semanas, pero luego también se anima. Papá no parece haber cambiado en absoluto. En las noches, cuando está borracho, sigue gritando y despotricando, pero deja de culparme tanto por las cosas como solía hacer antes.

Poco después de regresar, pongo las fotos de nuestro viaje en el álbum que mamá guarda para resaltar las ocasiones especiales. Me gusta mirar los álbumes familiares, especialmente en el que ella recopiló mis cumpleaños y los de Berta. Cada año, papá toma fotos individuales de nosotras paradas delante de mamá. Paso las páginas; en las fotos de este año tengo la misma altura que mamá y Berta es más alta que ella. Cada vez, en los últimos tres años, Berta y yo hemos usado los mismos vestidos turquesas a juego. Nos quedaban perfectos el primer año. En las fotos del año siguiente, el mío todavía me queda bastante bien, pero el de Berta ya es demasiado corto.

En la imagen de este año, apenas cabemos en nuestra ropa, y Berta está mirando al sol con el ceño fruncido. Durante dos años seguidos, mamá dijo que no podíamos tener vestidos nuevos porque los precios de la copra habían bajado y no podían permitirse el gasto. Las fotos se están arrugando y el color ya se está desvaneciendo; trato de alisarlas antes de cerrar el álbum y lo guardo en un lugar donde el sol no lo pueda blanquear más.

Pero este año todo va a ser diferente, mejor y más prometedor. Cierro los ojos. Imagino el próximo verano cuando Berta vuelva a casa con ropa nueva, hermosa, y muchas historias para contar. No puedo siquiera imaginar todo lo que traerá a casa.

Playa, Cocoloco.

CAPÍTULO TRECE

NAUFRAGIO

El viento es fuerte, advertencia de que un huracán acecha en el Atlántico. Hoy estamos en Cocoloco y yo estoy jugando en la playa con Bobby cuando veo a un hombre que viene corriendo desde la finca Suárez. Me imagino que es uno de los recolectores de cocos. Él me ve y detiene su paso.

"¿Tu papá?", jadea sin aliento. "¿Dónde está?"

Señalo hacia la casa, donde papá y mamá están sentados con sus tazas de café. Son alrededor de las diez de la mañana. No le presto mucha atención al extraño ya que papá es un experto en arreglar cosas, y a menudo vienen vecinos para pedirle consejos o herramientas. Pero me entra la curiosidad cuando papá sigue al hombre de regreso hacia la finca Suárez. Encuentro a mamá en casa con una mirada de preocupación en su rostro.

"¿Qué pasa?", pregunto alcanzando la lata de galletas.

"Ha habido un naufragio más allá de Punta Hicaco. Extranjeros. Tu padre va a ver si puede ayudar".

Se me cae la galleta a medio camino a la boca. Un aleteo de emoción desgarra mi estómago a medida que asimilo las palabras de mamá. *¿Un naufragio? ¿Náufragos?* Apenas puedo contenerme, comienzo a correr detrás de papá, pero mamá me pide que regrese, diciéndome que podrían pasar horas antes de que regrese. Me entrega la cubeta de almejas.

"Toma. Tu padre querrá su caldo cuando regrese".

Suspirando, camino hacia la playa dando pisotones fuertes, y allí entierro la cubeta. Mientras excavo en la arena húmeda en busca de almejas, mi mente zumba de emoción. Del otro lado de Punta Hicaco no hay arrecifes para calmar al mar. Incluso con buen tiempo, grandes olas se lanzan hacia la costa y el agua se vuelve profunda a solo unos pocos pies de la orilla, y esto hace que la corriente por debajo se vuelva feroz, capaz de arrastrar cualquier cosa hacia el seno del mar. Sé que no puedo nadar ahí;

es muy peligroso, pero las playas tienen muchos tesoros, así que suelo caminar por allí, fingiendo que soy Robinson Crusoe, o que soy un pirata y esta es mi Isla del Tesoro. Paso horas hurgando bajo los troncos flotantes y en las dunas, y, pescando, encuentro un vidrio por aquí, una concha perfecta por allá. Una vez encontré una botella con una hoja de papel doblada en el interior, pero el mensaje ya era sólo una mancha gris de moho. El año pasado vi la tapa de una escotilla de madera con una escritura japonesa pintada en un lado. Papá encontró a alguien en la capital para que la tradujera: *¡Peligro! Si esta trampilla es abierta, el mar entrará*. Me estremecí cuando escuché eso, imaginando un barco destrozado en una tormenta y pensando en los marineros ahogándose en algún lugar más allá de los rompientes.

Y ahora los mares de Punta Hicaco han traído un naufragio real. Espero con impaciencia, y, finalmente, varias figuras emergen de la maleza y en nuestra playa. Corro por la orilla y olvido las almejas. Una mujer alta y de apariencia sencilla con un loro aferrado a su hombro viene junto a dos hombres, uno de la edad de papá, el otro mucho más joven. Son estadounidenses. La mujer es Pat, y su pájaro es Paco. Rocky es el hombre mayor, sus ángulos son perfectos, tiene el cabello plateado y fríos ojos grises. El joven, Joe, es musculoso, bronceado y rubio. Tiene un tatuaje de una serpiente que rodea su brazo, justo por encima de su codo. Cuando me sonríe, mi cuerpo se estremece.

Me acomodo (consciente de mis pantaloncitos cortos holgados, que chorrean arena, y mi cabello, despeinado y cortado como el de un niño). Pat me dice que ponga el dedo y Paco se me sube por el brazo. El loro es verde con garras negras que se clavan en mi piel mientras sube a mi hombro. Miro a Joe.

Rocky es el único que habla, dice que es dueño de un negocio de rescate de barcos, y estaban remolcando una barcaza de Miami a St. Croix. Todo estaba bien hasta que chocaron con un sistema de tormentas tres días después de haber salido de la Florida. Se dirigieron al sureste, esperando poder protegerse en la costa dominicana. Justo cuando vieron la entrada a la bahía de Samaná, perdieron la potencia del motor y quedaron a la deriva al este, hacia Punta Hicaco. Un arrecife de coral pinchó el casco del remolcador a unos cientos de metros de la costa. Apenas tuvieron tiempo suficiente para desatar la barcaza, que llegó flotando a la orilla antes de que el remorcador se hundiera con todas sus pertenencias. Los tres nadaron hasta llegar a un lugar seguro y se adentraron en el bosque hasta que se encontraron con un grupo de trabajadores, uno de los cuales corrió a buscar a papá.

En el almuerzo, mamá se ofrece para secarles la ropa y dice que les encontrará un lugar donde quedarse en Miches. Para cuando cae la noche, todos ya están secos y alimentados, sentados en nuestro porche con cócteles. Pat habla sin parar, preocupada por Paco.

"Cuando empezamos a hundirnos, lo saqué de su jaula para que no se ahogara. No sé qué pasó después de eso, excepto que estaba tirado en la arena. Lo siguiente que sé es que escuché un graznido y Paco estaba sentado en mi cabeza." Se ríe, luego su boca se curva hacia abajo mientras acaricia las plumas del pájaro. "Él es como mi único hijo. Espero que no se resfríe".

Pat pone nerviosa a mamá con su conversación mientras los hombres hablan, fuman cigarrillos, y beben más ron. Ya pasó mi hora de dormir, pero mamá me deja quedarme despierta. Encuentro formas de mirar a Joe cuando él no está prestando atención. Él me atrapa y me guiña un ojo. Me pongo roja y me quedo mirando mis pies. Rocky comienza a quejarse acerca de un negocio de salvamento que se echó a perder en Miami. De repente, hay un destello de metal y se pone de pie, aunque un poco inestable, agitando una pequeña pistola y sacudiendo la cabeza furiosamente.

"Si pongo mis manos en ese hijo de puta".

Entonces, como si de repente recordara dónde está, mete la pistola en su pantalón y se sienta nuevamente, murmurando una disculpa. Pat lo mira. Estoy clavada en mi asiento, sin saber qué hacer. Estoy acostumbrada a ver rifles en el cuartel del Comandante o revólveres colgando de los cinturones de la policía militar, pero nunca en un visitante extranjero. Papá se levanta lentamente y bosteza, como si nada terrible hubiera sucedido.

"Bueno, ha sido un día largo —tengamos todos una buena noche de descanso. Mañana buscaremos a algunos hombres para remolcar tu bote fuera del arrecife y poder ver los daños".

Pat recoge a su loro mientras Rocky termina su bebida. Joe me hace un guiño de nuevo y le agradece a mamá por la cena, y los tres se tambalean en la oscuridad. Mamá le dice a papá.

"¿Qué vamos a hacer ahora, Jesse?"

"No te preocupes. Lo mejor que podemos hacer es ayudarlos a salir de aquí lo antes posible".

Me voy a la cama todavía completamente despierta. Estos extraños no se parecen a ninguno de los otros visitantes que hemos tenido. Cuando me duermo, sueño con barcos que se hunden y brazos tatuados. Dos días después, Paco muere y Pat llora durante días. Mamá y yo la ayudamos a enterrar al pájaro en nuestro jardín. Remolcan la barcaza a través de la bahía hasta el muelle del pueblo. El barco, lo sacan del arrecife y lo llevan a tierra para su reparación. Pat clasifica sus pertenencias mojadas para ver qué se puede salvar.

Mamá me envía con jabón de lavar a ayudar a Pat. Ella está abriendo una maleta cuando llego. Abre el pestillo y, con un largo suspiro, saca algo enterrado entre fajos de ropa mojada. Es una sandalia, el tacón es transparente y con pedrería. La correa, ahora deformada por el agua de mar, también es transparente, con piedras multicolores que forman una rosa. Nunca había visto nada tan glamoroso. Todo lo que tengo son dos pares de tennis deportivos y un par de zapatillas para ocasiones especiales.

Pat hace girar la sandalia alrededor de su brazo, haciendo un arco iris de color en las paredes. "Oh, espero que no estén totalmente arruinadas. No debía haberlas traído en el barco, pero cuando me pongo estas me siento tan... tan bonita, creo. Sé que es una tontería, pero tenía que traerlas, y mira ahora". Sus dedos tiemblan mientras intenta alisar la correa torcida. Parece perdida en su tragedia, así que yo dejo el jabón y vuelvo a casa pensando que la zapatilla de cristal de Cenicienta debía haber sido como esta.

A medida que pasan los días, las tormentas se van, pero mi propia tormenta tropical se está gestando —me he enamorado mucho de Joe, y mi estómago se revuelve cuando lo veo. Él pasa la mayor parte de los días en el muelle, preparando la barcaza para su viaje. Yo bajo hasta allá todas las tardes con galletas y limonada y respiro el olor de su sudor. Trato de no mirar su tatuaje musculoso o el pelo de su cuello, pegajoso por la sal, mientras come la merienda. Él engulle la bebida, luego se inclina y revuelve mi cabello como si aún fuera una niña pequeña, de la misma forma en que las amigas de mamá solían pellizcarme la mejilla y decirle lo linda que yo era, como si no estuviera allí. "Yo misma hice las galletas", le digo, mi voz es chillona por el nerviosismo.

"¿Es cierto eso? Oye, están buenas. Serás una gran esposa cuando crezcas".

Él toma otra, da las gracias y vuelve a sus tareas. Esa noche cierro los ojos y finjo que puedo sentir sus fuertes brazos halándome hacia él. Llevo un vestido largo de seda y las sandalias de cristal. Bailamos y me besa. Le devuelvo el beso, o más bien a mi almohada, una y otra vez hasta que me quedo dormida. Finalmente, el arrastrero ha sido reparado y está funcionando. La noche antes de que se vayan nuestros invitados celebramos una fiesta de despedida en el bar de María Antonia para todos los que ayudaron a armar el barco o traer la barcaza al pueblo. En una esquina, Rocky pasa su brazo sobre el hombro de papá como si fueran mejores amigos. Hace gestos y susurra, y papá sigue negando con la cabeza como si le estuviera diciendo no a algo. Sentada al lado de Joe, puedo sentir cómo su pierna desnuda presiona descuidadamente contra la mía mientras se inclina para coquetear con una de las hijas de nuestra vecina, que es bonita y tiene diecinueve años. Él ni siquiera se da cuenta de que nuestros cuerpos se tocan. Luego estoy despierta por horas, la cara de Joe aparece y se desenfoca. El cuerpo me duele, son unas sensaciones nuevas e impactantes, chispas por todas partes. Pero Joe se va mañana y nunca lo veré de nuevo. Empiezo a desear que no tengamos nuevos visitantes, nunca más, porque siempre se van, haciéndome sentir aún más sola. Parece que nunca se queda nada bueno.

La mañana siguiente hacemos una procesión hasta el muelle del pueblo. Joe me levanta y me da un abrazo. Espero en Dios que no se dé cuenta que estoy temblando. Pat se acerca para despedirse.

"Tengo algo para ti".

Mete la mano en una bolsa de papel y saca las sandalias de cristal. Balbuceo mi agradecimiento. Momentos después, el arrastrero enciende el motor y se aleja lentamente, obedientemente remolcando la barcaza que lleva detrás. Miro a Joe, que saluda una última vez y luego se da la vuelta para timonear el barco. Agarro el bolso de Pat contra mi pecho hasta que las dos embarcaciones son solo puntos en el horizonte, y me siento vacía y excitada al mismo tiempo.

"¡Qué alivio!", murmura papá en voz baja mientras caminamos a casa. Mamá lo mira con curiosidad, pero papá solo sacude la cabeza. "Te lo explicaré más tarde".

Esa noche el viento se ha ido por completo y en la bahía se refleja la puesta de sol. Sentada en nuestro muelle, pongo mis pies en el agua y pienso en

Joe mientras papá le dice a mamá lo que sucedió la noche anterior. Rocky le confesó que su negocio es realmente un fraude de seguros y que él se lleva o hunde embarcaciones a pedido. La compañía de seguros paga a los propietarios por su pérdida, y los propietarios le dan una parte a Rocky. Pat no es realmente su esposa, sino su socia comercial, y Joe está involucrado en esta actividad ilegal también. En este viaje el plan era que la barcaza desapareciera del puerto de Miami y que fuera declarada como hundida o perdida en el mar. Un comprador en St. Thomas arreglaría el papeleo y revendería la barcaza.

Rocky obtendrá otra tajada de esa transacción.

"¿Puedes creer el descaro de ese idiota? Realmente me dice estas cosas". Papá niega con la cabeza. "Y esto después de toda nuestra ayuda. Incluso trató de convencerme de entrar en el juego; me dijo que haría más dinero que cultivando cocos". Toma un sorbo de su bebida. "Supongo que su castigo es que su propio naufragio fue accidental, no a propósito. Tal vez ahora lo pensará does veces antes de hacérselo a otros después de que le sucedió a él".

Mamá murmura algo y se sientan en silencio, mirando fijamente a la bahía.

Me recuesto sobre los tablones de madera que aún están calientes. Mientras el cielo cambia de rosa a violeta, lucho contra las lágrimas de rabia. La pandilla de Rocky no es mejor que un grupo de piratas, y mintieron sobre casi todo. Esa noche, en la cama, me quedo despierta y confundida. Pero mis pensamientos no permanecen del todo sombríos. Incluso si Pat no fuera la persona que pensé que era, me ha dejado un regalo especial. Todo lo que tengo que hacer es meter los dedos en las zapatillas de Cenicienta y me sentiré bonita, como le pasó a ella. Ellas destellan ante mí a la luz de la luna, son tesoros náufragos de las profundidades. Las miro y finjo que Joe me está besando y diciéndome lo bonita que me veo en estas zapatillas.

Mamá no me deja usarlas, pero tampoco las voy a regalar; forman parte del recuerdo de Joe. Pero con el tiempo la tela de las plantillas se separa del plástico, se enrollan y endurecen. El pegamento que mantiene los diamantes de imitación en su lugar se desintegra y las gemas se caen. Pronto ni siquiera puedo imaginar la cara de Joe, excepto cuando miro el álbum donde pegué unas fotos que papi tomó con la cámara Brownie cuando Rocky y su tripulación estaban en Miches. Las imágenes son pequeñas y Joe es solo una figura diminuta saludando desde la parte trasera del barco cuando salían del puerto. Tomo la lupa de mamá para verlo mejor, pero cuando agrando la imagen se ve borrosa. Lo olvido por completo cuando el verano trae conmociones tan grandes que no hay lugar para nada más.

Tormenta acercándose.

CAPÍTULO CATORCE

EL TIEMPO DE LOS SECRETOS

Estamos esperando a que llegue Berta. Hace un calor vaporoso, e incluso Bobby está letárgico. Se acuesta con la lengua afuera como si él también estuviera esperando un cambio de clima. Saco mi ropa de su tocador, dejando espacio para su llegada. Estoy nerviosa de la felicidad y tengo los nervios agitados. Berta no nos ha escrito mucho, especialmente en los últimos tiempos, así que estoy ansiosa por escuchar todas las historias que tiene para contar.

Cuando llega a casa, al saludarnos, se ve molesta. No sé por qué, excepto que tal vez no esté muy emocionada de ver a papá. Tengo una vaga inquietud en el estómago, así que la tomo del brazo y hablo nerviosamente sobre todo lo que sucedió el año pasado. Le quito la maleta y la coloco en su cama, que recién he preparado para su regreso a casa.

Las cosas se normalizan durante unos días. Bobby no quiere dejar el lado de Berta. Ella lo acaricia distraídamente, y él se da vuelta para que le pasen la mano por la panza. Al menos él está feliz. Una tarde vuelvo a casa después de visitar a unos amigos. Guardo mi bicicleta y camino hacia la casa, agitando un recipiente de dulce de leche que la madre de Matilde ha hecho como regalo de bienvenida para Berta. Pero algo anda mal. Berta está acostada boca abajo en su cama, y papá y mamá están ahí parados. Papá tiene la mandíbula apretada y la boca torcida. Mamá está blanca. Nadie dice una palabra. Berta vira la cara hacia la almohada y me hace señas para que salga de la habitación. Nunca la había escuchado sollozar así, y nunca frente a nuestros padres.

Ella se acurruca en posición fetal, apretándose cada vez más. Asustada, veo a papá encender un cigarrillo e irse a su taller. No me mira, pero murmura en un susurro feroz: "Díselo, Emily. *Dile*".

Mamá parece como si no supiera qué hacer. Le tiemblan las manos y sus ojos se mueven por la habitación como una mosca atrapada en un frasco. Mi estómago da un vuelco de miedo sin saber qué está pasando. Solo sé que es malo. Finalmente, la voz de mamá sale como un chillido. Berta les ha dicho que está embarazada de un muchacho de la escuela de Florida que se llama Scott. Papá y mamá han decidido que Berta debe regresar a Estados Unidos de inmediato, casarse con él y tener este bebé. Inventaremos alguna historia para contarle al pueblo; todavía no han pensado bien en eso. Pero Berta tendrá que irse. Me hundo hacia atrás, me entra una picazón en el cuello por el miedo.

Me cuesta asumir las palabras en mi cerebro. ¿Cómo pudo haber pasado esto? ¿Quién es Scott? Ella nunca me lo mencionó en ninguna carta. ¿Cómo puede irse? ¿Dejarme? Me levanto, pero siento como si miles de cosas pesadas estuvieran sujetas a mis pies. Me arrastro de regreso al dormitorio, tan confundida que ni siquiera sé qué decir o preguntar.

Berta finalmente me susurra. Todo lo que escucho, una y otra vez, es que ella no sabía lo que Scott le estaba haciendo, no lo quería, no podía detenerlo y no sabía que quedaría embarazada. Ni siquiera le agrada. "No lo sabía, no lo sabía". Ella llora y vomita todo el tiempo. No hay nada que pueda hacer para ayudar, y no se pueden desobedecer las órdenes de papá. Durante los días siguientes, papá se enfurece y bebe hasta bien entrada la noche.

"Maldita sea", grita. "¡Hijo de puta! ¡Mi propia hija, mi maldita hija, embarazada como cualquier puta del pueblo que abre sus malditas piernas a cualquier escoria que le arroje un peso!" Esto le dice a mamá cuando estamos en nuestra habitación, como si no pudiéramos escucharlo.

Berta se tapa los oídos con una almohada y tiembla. Me quedo paralizada, como si estuviera en ese lugar oscuro y nublado, pero me duele tanto el estómago que vomito. Mamá está en silencio en la habitación de al lado, excepto por unos pocos gemidos bajitos. Mis cuerdas vocales están paralizadas y arden de dolor. *¡Ella no es eso!* Le grito dentro de mi cabeza: *es una buena muchacha*. *¡No digas esas cosas!* Quiero gritarle a él, pegarle fuerte. *¡Mamá, detenlo! ¿No ves que a ella le duele?* Pero mamá no le responde y él no se detiene.

Mamá vuela a Florida con Berta para conocer a Scott y a su familia. Llega a casa diciendo que ella y los padres de Scott han resuelto la logística para casar a estos dos extraños. No hay nada más que hacer. Me siento en el dormitorio vacío, sorprendida de que todavía pueda respirar, pero a veces tengo que recordar cómo exhalar. Me duele el estómago todo el tiempo. Temo enfrentarme a mis amigos, a sus amigos, a cualquiera que me pregunte sobre la repentina partida de Berta, pero al día siguiente me libero (al menos por un tiempo) de las preguntas de todos.

El pueblo está imbuido en noticias más importantes cuando Fidel Castro decide invadir la República Dominicana. Llega un ejército de guerrilleros, seguido de una flotilla de botes que tocan tierra en la costa norte. Radio Caribe anuncia que las Fuerzas Armadas tienen el control y ya mató a la mayoría de los invasores cubanos. Trujillo anuncia por radio su promesa de que los cobardes serán eliminados en unos días. En Miches, autobuses llenos de soldados con uniformes verdes pululan por las calles. Algunos parecen muchachos que acaban de ser arrancados de las granjas de sus padres. Llevan las armas con torpeza—armas grandes con bayonetas.

Papá deja de repetir cosas horribles sobre Berta y, en cambio, despotrica sobre el golpe. Dice que parece que no tienen ni la más remota idea de lo que están haciendo aquí, pero aun así un grupo practica maniobras en la playa frente a Casalata, preparándose en caso de que más guerrilleros cubanos entren por la bahía de Samaná. Los veo mientras luchan alrededor de las rocas y se lanzan a la playa. Cuando no están de servicio, acuden en masa al bar de María Antonia o a bailar con las prostitutas que huelen dinero nuevo. Uno de los soldados intenta coquetear conmigo. Me ofrece un cigarrillo que rechazo con una mueca. "Soy Bengala", anuncia. Lo miro, finalmente. Tiene ojos verdes y pestañas oscuras. Me encojo de hombros y miro la playa hacia la que me encamino para estar sola. Él se para delante de mí. "Ya sabes, como los tigres de Bengala de la India", dice de nuevo. "Ese es mi nombre. ¿Cuál es el tuyo?" Niego con la cabeza y salgo corriendo. No quiero tener nada que ver con chicos.

Dos semanas después, el intento de golpe ha terminado. Tan pronto como llegaron a Miches, los soldados se van. Observo mientras el autobús sale de la ciudad. Veo a Bengala; él saluda y me hubiera gustado sentir algo, cualquier cosa, excepto la otra pérdida, de la que no puedo hablar.

Berta se casa en Florida. Tenemos una dirección para escribirle, pero, al no tener teléfono, dependemos de las cartas, que son poco frecuentes. La desgracia grita a través de lo que Berta no escribe en la página. Sus cartas son a cuentagotas, cada una menos reveladora que la anterior. Los padres de Scott escriben de vez en cuando y nos enteramos de que su hijo está ganando algo de dinero trabajando en la tienda local de artículos de pesca. Berta está vendiendo cosméticos puerta a puerta.

A medida que avanza el verano, perfeccionamos nuestras mentiras para todos en Miches. Nos sorprende saber que Berta se ha enamorado y decidió casarse. Las preguntas están en boca de todos cuando nos saludan ahora: *¿Cómo está tu hermana? Cuéntanos más sobre su esposo, qué romántico para ella*. Y así sucesivamente hasta que me dan ganas de gritar.

Finjo que estoy encantada con sus nuevas circunstancias, luego me voy a casa: un lugar que está virado al revés por la ira y el sufrimiento. Mi dolor de estómago es constante ahora que papá bebe siempre y despotrica:

"Ella hizo su cama, ahora tiene que acostarse en ella. ¡En lo que a mí respecta, ella ya no es miembro de esta familia!"

Mamá, abatida por los hechos, se vuelve aún más silenciosa y olvidadiza. Abandona restos de cigarrillos que ha encendido y dejado. Quema una olla de frijoles y cocina demasiado el arroz. Sus manos tiemblan y sus ojos dan vueltas, pero no puedo decir lo que está mirando. Papá vuelve a pintar el esquife y pone una nueva capa de barniz en su taller, tiene el rostro sombrío y arrugado. Es casi como si estuviera tratando de sellar y cubrir todo lo que está malo y ampollado.

Prometo que nunca le hablaré de chicos a mi padre, jamás, por temor a que yo también sea tildada de prostituta, de puta. Hago todo lo posible por ser invisible. Parece como si la base de mi vida se hubiera derrumbado y no hubiera un lugar seguro donde estar. Todo se ve diferente, plano e incoloro, incluso cuando el cielo brilla de un azul brillante y el océano comienza con su inquietante oleaje verde de las tormentas de verano.

Papá una vez me hizo un dibujo del ojo de un huracán, el centro inmóvil parecía el agujero de una rosquilla, vacío, pero rodeado de movimiento.

"La calma es engañosa", dijo. "Y no dura. No puede: el huracán siempre se mueve y el ojo viaja con él. Y luego te golpean con todo el impacto de nuevo".

Tengo sueños recurrentes en los que Casalata es el ojo del huracán. Estoy en mi cama y las sábanas me estrangulan, así que no puedo moverme. Grito el nombre de Berta, pero no sale ningún sonido, y ella es la única que corre, huye. Intento decirle que tiene que quedarse, pero se desvanece en la oscuridad de la tormenta que nos rodea.

Casi nos perdemos la temporada de huracanes, pero la tormenta vira hacia arriba en dirección al Atlántico, trayendo solo un poco de olas grandes y dos días de fuertes lluvias. Quiero que venga la tormenta; quiero toda la furia. Quiero algo contra qué luchar, o realmente algo de lo que estar protegida, y alguien que me proteja.

CAPÍTULO QUINCE

LA DESAPARICIÓN

Berta da a luz a un niño y lo nombra Mitch. Nos enteramos de esto semanas después por una carta. No envían fotos, no hay reportes alegres. Una mañana de primavera, un niño descalzo entrega un telegrama, él se queda dando vueltas hasta que mamá busca una propina y lo despacha. Los telegramas son poco frecuentes y siempre traen malas noticias. El último que recibimos fue hace varios años cuando murió uno de mis tíos en Nueva York.

Este es de los suegros de Berta. Piden que los llamemos lo antes posible. Nada más. Mamá camina un kilómetro hasta la improvisada oficina telefónica del pueblo. A la hora del almuerzo, ella todavía no ha regresado. Papá dice que debería ir a ver qué diablos está pasando; creo que solo quiere la comida. Yo también tengo hambre mientras pedaleo mi bicicleta por la calle llena de baches.

Hay una especie de conmoción frente a la oficina de telégrafos. Mamá está arrodillada en la tierra y dos mujeres intentan levantarla. Dejo caer la bicicleta y corro hacia ella. Las mujeres dicen que ella estaba en el teléfono y luego comenzó a gritar, salió corriendo y se cayó. Mamá simplemente llora "no, no, no", una y otra vez. No sé qué hacer. Una de las mujeres trae un vaso de agua y una sombrilla roja. Intento darle sombra a mamá. Finalmente, se sienta, me acerca a ella y me susurra que tenemos que irnos a casa ahora. Ella se quita el polvo de encima, puedo ver que todavía está inestable.

Su barbilla está raspada y sangra, no parece notar las moscas zumbando alrededor de su pierna. Las mujeres traen un paño, pero mamá les dice que se vayan, que ella está bien. "¿Qué ocurre?", chillo a través de una garganta apretada. Ella niega con la cabeza. "Aquí no". Caminamos en un silencio denso. Buscaré la bicicleta más tarde. Tomo la mano de mamá, algo que nunca hacemos. Está pegajosa y fría. Cuando llegamos a casa, se deja caer hacia papá y comienza a hablar tan bajo que apenas puedo escucharla. Él por esta vez está callado. Enciende un cigarrillo y se lo pasa.

Berta ha desaparecido y lleva más de dos semanas perdida. Los padres de Scott no se comunicaron con nosotros antes porque pensaron que podría ser solo una pelea marital y que Berta volvería, pero ha pasado demasiado tiempo, y ¿sabemos algo de ella? Esto es de lo que nos enteramos: el esposo de Berta llegó un día a casa para almorzar entre la escuela y su trabajo de la tarde, y encontró al bebé dormido en la cuna. Al niño lo habían cambiado y alimentado hacía poco, pero Berta no estaba. No había una nota, nada. Solo se había ido. Los padres se llevaron al bebé con ellos a casa y ahora lo están cuidando; todavía piensan que Berta puede regresar en cualquier momento. Han presentado un informe de desaparecida y han llamado a la policía local. Eso es todo lo que pueden hacer. No hay evidencia de ningún crimen. Ahora solo hay que esperar y ver si regresa. Probablemente lo hará, dicen. Lo más probable es que haya sido una pelea de enamorados. Ellos prometen enviarnos un telegrama tan pronto sepan algo. No, no parece haber ningún motivo para que viajemos a Florida, están felices de cuidar al bebé por el momento; es muy dulce, dice ella; está acostumbrado a su abuela. Estará bien.

La conmoción es tan grande que me sumerjo en una densa parálisis. Mamá se convierte en un cascarón pálido, casi un fantasma de sí misma. Papá decide que no le diremos nada a nadie. Berta volverá con su bebé, todo estará bien. Solo tenemos que ser pacientes y esperar. Papá toma aún más, pero en lugar de explotar contra nosotros cae en un letargo, y mamá lo lleva a acostarse la mayoría de las noches. Sus ronquidos me mantienen despierta durante horas. Cuando finalmente me duermo, tengo pesadillas. Berta me llama, pero no puedo verla, no puedo encontrarla.

Mamá sigue diciendo que pronto tendremos buenas noticias. No hay nada de qué preocuparse. Pero ella se inquieta y tiembla, y su cabello comienza a caerse. Encuentro hebras grises tapando el desagüe de la ducha. Ella y papá fuman cigarrillos sin parar, olvidando las colillas encendidas. Envían señales de humo, llamadas de socorro. Yo las apago.

Luego de un mes, llega una carta de los suegros de Berta con un recorte de periódico adjunto. Se ha encontrado el cuerpo de una joven flotando en el Golfo, en algún lugar de la costa oeste de Florida. El cuerpo está tan descompuesto que es imposible identificarlo, excepto que era rubia y que su edad aproximada era diecisiete o dieciocho años. Los padres de Scott no saben si se trata de Berta, pero como la descripción encaja, han decidido que al menos deberíamos estar al tanto de la noticia. Nos aseguran que, en cualquier caso, ellos han decidido adoptar al bebé.

Todo se vuelve blanco, excepto una cosa que se me pide que haga. Papá decide seguir fingiendo en el pueblo. Entonces, dentro de nuestra familia, ahora reducida a tres, sabemos lo que nos han dicho, pero al resto del mundo debemos decirle que Berta está feliz en Florida.

Sí, Señora de La Cruz, el bebé está creciendo bien. No, Don Elpidio, no sé por qué se olvida de enviar fotos. Sí, Juanita, tal vez este año vengan a casa para Navidad, pero a su esposo le cuesta zafarse del trabajo, ¿entiende?

Mamá, Casalata.

CAPÍTULO DIECISÉIS

UN ATAQUE DE NERVIOS

Unas mañanas más tarde me despierto en un extraño silencio. En pijama, abro la cortina y miro hacia la cocina. Mamá no está. No recuerdo un día en que no se haya levantado al amanecer para preparar el café. Las mañanas comienzan con el murmullo de ciertos sonidos y olores que son reconfortantes, incluso en esta angustia. El sorbo del café fresco y recién tostado, un toque de humo de tabaco y el leve crujido metálico cuando mamá abre la puerta de la cocina a la brisa de la mañana. Pero no hoy. La cocina está vacía. Papá camina de un lado a otro por la sala de estar, luce pálido bajo su bronceado rostro.

"Tu madre está enferma", dice. Miro dentro de su habitación y mamá está tumbada allí, observando fijo a la pared, sin siquiera mirar por la ventana a los pájaros que cantan en el naranjo. Papá trae el termómetro, pero ella vira la cabeza y cierra la boca con fuerza.

Grito "¿Mamá?" mientras los escalofríos recorren mi columna vertebral. Ella parpadea y luego comienza a llorar, pequeños gemidos que suenan débiles y lejanos. Tuerzo mis manos y brazos, y respiro entrecortadamente. Debo ser fuerte, debo hacer algo, así que preparo el café cuando lo único que quiero hacer es gritar y gritar hasta desplomarme. Papá le habla a mamá en voz baja. No puedo oír lo que le está diciendo, pero entra a la cocina y me dice que vaya en bicicleta a la clínica y que traiga a alguien para que venga a verla.

"Ella va a estar bien", dice—pero puedo ver en su mirada que está preocupado.

Todavía es temprano en la mañana y la clínica aún no está abierta, pero el médico vive al lado, así que pedaleo lo más rápido que puedo. No hay nadie en la calle excepto el vendedor de leche y su burro. Lleva dos vasijas de metal que se mecen en su carretón improvisado mientras se dirige a la tienda de Juan Kair. Paso por delante de la panadería y se siente el olor a levadura flotando en el aire. En el otro extremo del pueblo, al lado de la iglesia, toco a la puerta de la casa del médico. Puedo ver a su esposa quemando carbón, la leña local, en la cocina exterior. Se acerca a donde yo estoy parada sacudiendo mis sandalias. El médico ha estado en el campo desde anoche atendiendo a un campesino que perdió tres dedos en un accidente con un machete.

"Le diré a la enfermera que vaya a tu casa", dice. No me muevo. "No te preocupes", me asegura de nuevo. "Iré ahora a buscarla".

Una enfermera llega en menos de una hora. Su nombre es Livia y se sienta con mamá hasta que el médico regresa al pueblo. Hago unos huevos revueltos, y papá y yo nos sentamos a la mesa y comemos en silencio. Podemos escuchar a Livia susurrarle a mamá. Creo que debe ser solo un poco de gripe. Pero la enfermera ha logrado tomarle la temperatura y está normal. Nervios, dice ella. Son los nervios. Pero mamá aún no se mueve, no se levanta de la cama. El médico llega con un estetoscopio y un estuche de cuero gastado lleno de instrumentos metálicos brillantes, cajas de pastillas y brebajes misteriosos. Mamá ha tenido un ataque de nervios; así lo llama el médico. ¿Hay alguna razón por la que Doña Emily haya tenido un ataque de nervios? No, en realidad no, dice papá. Ella nunca se enferma. Me muerdo la lengua hasta que sangra. *¿Sin razón? ¿Sin razón?*

El médico niega con la cabeza y le dice que necesita llevarla a la clínica de El Seybo.

"Algo anda mal, pero yo realmente no puedo ayudarla. Allí tienen médicos con más formación, incluso médicos para la cabeza".

Se refiere a la mente, lo sé. He leído sobre psiquiatras, pero son para personas que se vuelven locas.

"Le he dado un calmante para sus nervios", dice, "pero ella debería ir lo antes posible. Hoy. Veré si el Padre Daniel puede llevarla en su *Jeep*".

Livia logra que mamá se siente. Ella finalmente mira a papá. Tiene los ojos vidriosos, pero al menos ahora está hablando.

"¿Quieren llevarme a El Seybo? No, no. Estoy bien, de verdad. Solo cansada."

Cierra los ojos como si se fuera a recostar en la cama, pero la enfermera la levanta como una muñeca y comienza a quitarle el camisón. Yo miro desde la puerta. No estoy acostumbrada a ver a mamá desnuda. Sus senos caen contra su pecho mientras se pone la ropa interior. Se sienta con indiferencia mientras Livia le levanta los brazos y desliza las tiras del sostén por encima de ellos. Le paso por el lado para ir al pequeño armario de mamá y escojo su vestido de viaje, el azul claro que no se arruga en las largas travesías en auto. Me quedo mirando a mi madre incapaz de valerse por sí misma. Me da miedo verla así y siento que voy a vomitar. Pero me quito de encima esa sensación. Entonces mamá me ve. Noto que me reconoce, pero sus ojos están desenfocados por el calmante.

"El doctor", mamá se encoge de hombros, "cree que debo ir a la clínica de El Seybo. Oh, bueno; supongo que tengo que obedecer las órdenes del doctor", como si solo lo estuviera complaciendo.

Asiento con la cabeza, enderezándome, para que no vea lo asustada que estoy.

El Padre Daniel lleva a mamá en su *Jeep* por la montaña rumbo a la clínica en El Seybo. La hermana de la enfermera, Amelia, viene dos veces al día y trae comida que podemos calentar para el almuerzo y la cena. Sabe mucho mejor que la comida de mamá, que es insípida. Sé que no debería pensar eso. Hago mis tareas todos los días, y Daisy y Zuleica vienen a jugar la mayoría de las tardes. Al atardecer, papá saca el Scrabble y nos sentamos en el porche y jugamos una partida. Él se prepara un trago, pero solo toma uno antes de la cena. No estoy acostumbrada a estar sola con papá, y creo que también resulta extraño para él. No hablamos mucho, pero jugamos nuestros juegos de palabras en una especie de tregua. A veces le gano y él dice "bien hecho". Le muestro uno de los cuadros en los que he estado trabajando y me dice que le falta un poco de perspectiva. Él saca una hoja de papel y me muestra dónde colocar el punto de fuga en una imagen para que parezca real. Caliento el pollo guisado de Amelia y pongo la mesa. Papá se sienta a leer después de la comida. Después de fregar, suelo leer en la cama, pero esta noche saco mi tabla de dibujo y me siento cerca de él en la sala de estar. Me mira sorprendido y luego vuelve a su *National Geographic*. La leeré cuando él termine.

Papá sube dos días a Cocoloco para atender la copra. Amelia se queda conmigo mientras él no está, duerme en la cama de Berta. Me despierto en medio de la noche y, por un momento, pienso que es Berta roncando suavemente. Luego me toco el estómago, tengo náuseas. No puedo creer que Berta esté muerta. No puede ser.

Extiendo la mano y encuentro a Bobby durmiendo a mis pies, acerco su cuerpo caliente a mi lado. Él se retuerce, luego suspira y se tranquiliza. Parece saber que estoy triste, pongo mi mano en su pequeño pecho mientras respira. Inhala y exhala, inhala y exhala. Como si no pasara nada; como si fuera tan fácil volverse a dormir. La peor parte es cuando me despierto y el terror fluye. Es como un líquido que se filtra por todas mis venas, un veneno que se esparce hasta que todo mi cuerpo es una masa de miedo, un pantano oscuro como el fondo de la laguna, donde todo es peligroso.

Una mañana lluviosa, el Padre Daniel lleva a papá a recoger a mamá a la clínica. Amelia limpia la casa y yo me pongo nerviosa y camino de un lado a otro, esperando a que vuelvan a casa. La lluvia empeora y la bahía se ilumina con relámpagos y truenos. Me preocupa el camino de la montaña, que puede desaparecer con las tormentas. La lluvia golpea el techo de aluminio y la casa se inunda de ruido, así que no escucho la campana cuando se abre la puerta trasera. De repente, mamá y papá están en casa. Se ve pálida y débil, pero sus ojos están claros cuando se inclina para darme un apretón. Papá enciende un cigarrillo y extiende una mano hacia mi hombro para unirse al abrazo. Dudo entre querer encogerme de hombros, como si no viera su gesto, y querer acercarlo más.

Papá se mantiene sobrio mientras mamá se recupera. Ella vuelve a sus viejas rutinas como si nada fuera de lo común hubiera sucedido. A veces la sorprendo simplemente mirando hacia el horizonte, pero no parece estar mirando nada en particular. Al final del día, acarician sus bebidas de las cinco de la tarde y reanudan su horario de ver el atardecer en el muelle. Yo comienzo a respirar con más facilidad. Nuestras noches ahora son como una olla que ha sido puesta a fuego lento después de que hirvió y ensució toda la cocina, del tipo que uno frota y frota, pero siempre hay un pedazo de residuo quemado que no se quita. Me deslizo hacia el fondo de nuevo. Supongo que es solo cuestión de tiempo antes de que la olla comience a calentarse de nuevo. Pero, durante un largo tiempo, papá se mantiene relativamente sobrio, trabaja más duro y durante jornadas más largas.

La ausencia de Berta me hace una compañía silenciosa, llena mis sueños de tristeza. Durante este tiempo, ninguno de nosotros hablamos nunca de ella. Camino por la playa vacía con Bobby y pienso en todas las veces que Berta y yo caminamos por la orilla en busca de conchas, y cómo ella saltaba a la bahía y nadaba paralelo a las olas, tan rápido como podía, hasta que se quedaba sin aliento. Bobby la seguía, pero no podía mantener su ritmo. Él se daba la vuelta y chapoteaba hasta la orilla, ladrando hasta que se distraía con un cangrejo que se escabullía. Yo chapoteaba cerca de la orilla; tenía miedo de las aguas profundas porque no podía ver debajo de la superficie sin mis espejuelos. Después de nadar, Berta se tiraba en la arena, jadeando por el esfuerzo. Bobby corría de regreso y saltaba sobre ella, y todos nos revolcábamos en las olas, arenosas y saladas, y Berta resoplaba de la risa.

Una mañana de junio, encuentro a mamá vaciando el tocador de Berta. Sin decir palabra, me da algunas blusas y una falda en la que de repente ya quepo. Lo que no me sirve, lo dobla y lo mete en una caja de cartón. ¿Estas cosas reaparecerán en alguno de los huérfanos del pueblo o simplemente lo botará todo? Las preguntas acechan en los rincones como fantasmas, apenas visibles, pero nunca reconocidos.

¿Alguna vez diremos la verdad y, si lo hacemos, la memoria de Berta desaparecerá como una tormenta pasajera? Nunca me parece extraño que no hayamos tenido ningún tipo de funeral privado o servicio conmemorativo, ni hagamos nada en absoluto que se relacione con el recorte de periódico amarillento que está escondido en el joyero de mamá, debajo de la última carta de Berta.

Bobby.

CAPÍTULO DIECISIETE

BOBBY

Mamá y papá están haciendo un esfuerzo por ahorrar más dinero, ya que el año que viene iré al internado para el décimo grado. Con la inestabilidad en el gobierno, el precio de la copra se ha desplomado nuevamente. Papá tiene que vender más copra para compensar la pérdida de ingreso, y trabaja casi el doble de las horas habituales. Al menos eso significa que no bebe tanto, por lo que nuestras noches a veces son tranquilas.

Empiezo a pintar autorretratos que escondo debajo de la cama. En ellos estoy mirando desde detrás de una pared, y solo se ve una parte de mí: un ojo, parte de la nariz y la boca. No puedo imaginarme cómo sería verse completa, y mucho menos cómo se siente. Me quedo ensimismada cuando estoy trabajando en un cuadro y no me doy cuenta de las horas que han pasado. Es como cuando leo un buen libro y de repente es la hora de cenar y no me he dado cuenta de que se está poniendo oscuro afuera. Cuando pinto, mi mente se queda en blanco, excepto por lo que tengo delante. Me olvido del último episodio de papá o dejo de pensar en Berta. Cuando me canse de los autorretratos, dibujaré a Bobby. Él últimamente pasa casi todo el tiempo acostado, lo que hace más fácil para mí trabajar en mi cuadro. Tiene diez años, que supongo que eso es bastante mayor en edad de perros. Él me está preocupando, está demasiado apático. Lo levanto y lloriquea como si tuviera dolor. Empiezo a temblar. Trago saliva.

"Mamá, algo anda mal con Bobby".

Ella frunce el ceño.

"No ha sido él mismo últimamente, ¿verdad? Tal vez se metió con algunas espinas".

Se agacha y le acaricia la cabeza. Él le lame la mano y menea la cola, pero es un movimiento lento, y luego vuelve a meter la cola entre las piernas. "Vamos a revisarte", dice mamá. Ella le pasa los dedos por las piernas y las patas. "No le veo nada malo". Bobby se da la vuelta y mamá le da unas palmaditas en el vientre, que luce un poco hinchado. Él gime y yo sostengo el aliento.

Papá lo examina después y chasquea la lengua. "Tiene una especie de bulto". Presiona un poco más y Bobby emite un chillido agudo.

"¿Podemos buscar a un médico que lo solucione?" Mi voz tiembla. "¿Por favor?"

Mamá va en bicicleta a la clínica más tarde ese día y habla con una enfermera. El médico estará fuera por unos días, pero le dirá que venga a vernos cuando regrese. Él viene a la semana siguiente y niega con la cabeza mientras inspecciona a Bobby.

"Lo siento", dice.

Es un tumor y no hay nada que se pueda hacer. Solo empeorará. Dice que puede volver y darle algún tipo de inyección, si es que queremos sacarlo de su dolor de esa manera.

Empiezo a temblar y no puedo parar. ¿Por qué no me di cuenta de esto antes? Tal vez podríamos haberlo solucionado si hubiera prestado más atención. Supongo que asumí que todo estaba bien: mi perrito, que mueve alegre la cola, feliz de caminar por los caminos de la finca con papá, o de pedirle a mamá restos de carne, o que se sienta pacientemente para que le quite las garrapatas. Papá siempre ha sido amable con Bobby y nunca le grita. Si quiero tener buenos pensamientos sobre papá, lo imagino sentado en su silla después del almuerzo, leyendo un libro mientras Bobby duerme en su regazo. A veces papá también se queda dormido. Cuando se levanta, dice que ambos necesitaban su siesta. Es como si papá se ablandara con Bobby; nuestro perro es el único miembro de nuestra familia al que podemos amar todo el tiempo. Recibe los abrazos y las palmaditas que rara vez tengo yo, pero eso no me importa porque es un muy buen perro.

Papá dice: "Nos ocuparemos de Bobby". Sus ojos también están rojos. Mamá agradece al doctor mientras se seca las lágrimas de los ojos. Al día siguiente, Pedro, uno de los trabajadores de papá, pasa por la casa, su machete, como siempre, cuelga en una funda de su cinturón. Papá y él caminan hacia el muelle para hablar. Al principio creo que el hombre está aquí por negocios de la finca. Acaricio a Bobby detrás de las orejas, lo que generalmente provoca pequeños "woof" de placer. Él mueve la cola y mis ojos arden por las lágrimas.

"Te quiero", le susurro. "Te quiero. Te pondrás mejor. Verás". No creo en mis propias palabras, pero las digo de todos modos, una y otra vez.

Luego papá y Pedro regresan a la casa.

"Es hora de decirle adiós a Bobby".

El tono de mamá es suave y triste. No tengo que preguntar qué va a suceder. Intento no mirar el machete, tan afilado que puede cortar un coco de un solo golpe. Sostengo a Bobby una última vez. Sus ojos son brillantes e intenta lamer las lágrimas saladas de mi rostro. No puedo despedirme. Solo puedo sollozar y tocar su pelaje muy suavemente, para no lastimarlo. Mi corazón late con fuerza y creo que me desplomaré. *¡No, no, no!* Grito por dentro, y luego me lamento en voz alta, más fuerte incluso que cuando lloré por Berta, y no me importa, no trato de contenerme. Me doy cuenta de que estoy gritando cuando veo que Bobby me mira, sorprendido, y me detengo. *No asustes a Bobby*, pienso. Agarro la mano de mamá y ella la sostiene con fuerza. Papá ahora tiene su brazo alrededor de mamá y me hala hacia él. Él también está temblando. Casi no puedo respirar.

Por un rato nos quedamos ahí parados, como si pudiéramos detener lo que sucederá, luego Pedro finalmente se aclara la garganta y se pone de rodillas. Acuna a Bobby en una toalla, sus dedos agrietados y color café lo sostienen como un bebé en su manta. Bobby no se resiste. Mamá y papá caminan con él hasta el camino de la playa y luego se dan la vuelta tomados de la mano. Papá se seca los ojos y se suena la nariz. El trabajador se pierde de vista, se dirige hacia la desembocadura del río Yeguada, donde la corriente fluye rápidamente hacia la bahía. Corro a mi cuarto y cierro la cortina. No quiero verlo regresar con las manos vacías, el cinturón con su machete colgando, limpio por el agua del río.

Estoy a la deriva durante días, en una bruma gris, haciendo mis tareas escolares, caminando los cuatro kilómetros hasta Cocoloco, cada dos o tres días con mamá, mientras papá se sumerge en el trabajo en la finca. Ahora puedo ver el dolor en los ojos de mamá y en la mueca de papá. Es como si no pudiéramos o no quisiéramos hacer duelo por Berta, pero la conmoción por la pérdida de Bobby es tan grande que ha despertado una montaña de dolor en todos nosotros. Es demasiado grande como para hablar sobre eso, pero de alguna manera ha hecho que papá disminuya la bebida. Lo veo tratando de controlar su temperamento, nadando durante más tiempo al final del día en lugar de tomar largos tragos de ron. A veces mamá me acaricia la cabeza cuando estoy cerca, como solía hacerle a Bobby. Pero todavía tenemos que mantener las historias falsas para todos en la ciudad. Ahora estoy mejorando en eso de responder preguntas sobre Berta. Mis mentiras se escapan automáticamente, como una canción cuya letra me sé de memoria. Pero los dolores de muelas que solía tener cuando era más niña han regresado, y tengo gripe dos veces en tres meses. Tengo un dolor leve y constante en el estómago, especialmente en las noches, cuando abrazo una almohada y gimo, en silencio, para no despertar a nadie. Sueño que Bobby está roncando a mi lado y sus patas me arañan los brazos, pero son mis propios dedos los que escarban y me despierto con marcas de arañazos y en una nube de pavor.

Quiero que venga una tormenta y lo destruya todo, que destroce la casa y me arrastre al mar en un maremoto. Creo que se cumplirá mi deseo cuando un huracán nos azota al final del verano, batiendo el puerto como clara de huevos. Los vientos remenean las hojas de las palmeras enfebrecidas, y las olas truenan todo el día y la noche. Nubes de espuma temblorosa vuelan por el aire, cubriendo vallas y casas, y dejando siluetas como fantasmas que se secan y desaparecen. Me quedo bajo la lluvia punzante con la boca abierta para recibir su castigo. Pero, por supuesto, Casalata sobrevive al huracán.

Cuando nos enteramos de que el ojo de cien millas de diámetro ha llegado a Florida, desearía poder estar preocupándome por Berta, como si todavía viviera allí, como si todavía viviera. En cambio, trato de guardar mis sentimientos, esos pensamientos que quieren que me ahogue en el océano o en una tormenta, o que me golpee un rayo, o que golpee yo algo con fuerza descomunal. No me atrevo a pensar en qué o a quién querría golpear, solo que quiero lastimar algo. Pero esos son malos pensamientos, así que me los guardo hasta que son solo un bulto duro en mi estómago.

Las hermanas Mirabal – "Las mariposas".

CAPÍTULO DIECIOCHO

MARIPOSAS Y EMBOSCADAS

Durante el día me quedo leyendo el periódico local. La generosidad de Trujillo hacia las víctimas del huracán sale en primera plana. También hay otras noticias sobre presuntos complots contra El Jefe. Los conspiradores son identificados y encarcelados rápidamente, informan los editoriales. Me llama la atención la historia de un accidente automovilístico que involucra a tres hermanas cuyas fotografías he visto antes en el periódico. Cuatro mujeres jóvenes, las hermanas Mirabal, antes fueron parte de la élite de Ciudad Trujillo, pero ahora son enemigas del estado. No sé cuales de ellas habían sido encarceladas antes porque sus maridos fueron acusados de conspirar contra El jefe.

Se refieren a las hermanas como *Las Mariposas*, y ayer tres de ellas murieron en un accidente automovilístico en una carretera de montaña. El periódico muestra una fotografía de su *Jeep* después de que se estrellara en el fondo de un acantilado. Parece un insecto aplastado, las ruedas volteadas hacia arriba y las puertas abiertas como alas rotas. El informe dice que las hermanas se dirigían a la prisión donde estaban encarcelados sus maridos porque El Jefe, tan bondadoso, les había concedido permiso para visitarlos.

Cuando papá lee la historia, le murmura a mamá que este no fue un accidente. Uno de sus amigos dice que escuchó que las hermanas estaban muertas antes de que el vehículo cayera por el acantilado, que fueron asaltadas en la carretera de la montaña y estranguladas. Las víctimas fueron metidas de nuevo en su *Jeep*, y luego lo empujaron al precipicio. A la semana siguiente, el diario confirma esta teoría. Ahora Trujillo hace frecuentes discursos públicos sobre cómo un equipo especial está investigando este terrible crimen contra esas pobres e indefensas "Mariposas".

En Miches se susurra que el propio Trujillo ordenó el asesinato. *Las Mariposas* están ahora en boca de todos. Tres mujeres han sido asesinadas, pero han desatado miles de rumores que revolotean como mariposas por todo el campo. Los murmullos se hacen más fuertes todos los días, como si un huracán de chismes estuviera rodeando esta isla sin intenciones de desaparecer jamás.

La historia me hace pensar en Berta. ¿Habrá sido asesinada? Ella no era enemiga de nadie. Era solo mi hermana. "Era", me digo a mí misma. "No sé", me respondo. Quizás ella todavía esté viva. Tal vez era otra la que llegó a la orilla como un trozo de madera errante. No, tampoco pienses eso. Si está viva, ¿por qué no escribe? *Deja de pensar*. Intento olvidar las mariposas en mi estómago y las que vuelan por el aire a nuestro alrededor.

Me distraigo leyendo las últimas revistas estadounidenses que nos envían los Breeden: *Newsweek* y *Time*. Los artículos sobre República Dominicana son completamente diferentes a todo lo escrito en *El Caribe*. Siento que estoy leyendo algo peligroso, prohibido.

Papá está trabajando en la finca esta semana, así que mamá y yo caminamos con dificultad hasta Cocoloco para llevarle provisiones y pasar la noche. Me estoy quedando dormida cuando unas voces en inglés rompen el silencio. En dirección a la playa, escuchamos fuertes gritos:

"¿Yujuuuu, Jesse? ¿Emily? ¡Sorpresa!"

Los rayos de las linternas parpadean en nuestra dirección, como grandes luciérnagas, mientras los visitantes nocturnos encuentran el camino hacia la casa. Con mochilas al hombro, dos figuras emergen en el círculo de luz de la lámpara, sacudiéndose la arena y el agua salada. Son los Breeden.

"¡Apuesto a que están sorprendidos de vernos!" Norma se ríe, recuperando el aliento al mismo tiempo. "Les escribimos hace un par de semanas para decirles que íbamos a venir. Supongo que no lo recibiste. De todos modos, cuando llegamos a Miches y vimos Casalata cerrada, pensamos, oh, demonios, podemos llegar hasta la maldita playa de Cocoloco antes de que oscurezca".

Ed se quita la mochila y vira los ojos.

"Estábamos totalmente equivocados".

Norma se sacude el pelo mojado como lo hacen los perros.

"Y me caí en ambos ríos, pero bueno, ¡lo logramos!"

Parecen muy alegres contando su terrible experiencia, y luego veo la botella de vodka medio vacía que Norma agita mientras habla. Mamá les trae toallas y busca ropa seca. Todos nos sentamos a la mesa de picnic de la planta baja mientras mamá pone los espaguetis que habían sobrado en una sartén para calentar en la estufa marca *Coleman*.

Los Breeden saben acerca de Berta, así que eso es un alivio. Las mentiras no son necesarias. Norma me da un beso con olor a vodka, y Ed me ofrece un abrazo húmedo. Me recuerda a un perro viejo con su papada temblorosa y ojos tristes y caídos. Norma es delgada, como uno de esos galgos flacos, toda llena de energía nerviosa y dientes afilados.

Creo que me gustaría tener a Ed como padre; es amable y habla conmigo como si valiera la pena escucharme.

"Oh, Dios, las cosas van mal en la capital", dice Ed mientras se seca el cabello con una toalla. Dice que Estados Unidos ha roto relaciones diplomáticas con la República Dominicana y envió al embajador a empacar. Le entrega la toalla a mamá y se sienta pesadamente.

"La CIA se ha apoderado del Consulado de Estados Unidos en Ciudad Trujillo".

Norma interrumpe. "Diablo, sí, y la policía secreta está por todas partes. ¿Fue la semana pasada, Ed, cuando mataron a cuatro personas en la Avenida Gómez?

Ed asiente. Esa es la calle de la capital donde la mayoría de las embajadas tienen sus oficinas.

"El Chivo lo niega" —así le llaman a Trujillo— "pero es verdad. Dice que todo está bajo control. ¿Seguro has oído hablar de las muchachas Mirabal que mataron?" Niega con la cabeza. "Supongo que algo grande está sucediendo y nos afectará a todos".

Me estremezco un poco. Norma se inclina hacia adelante. "Seguro nos iríamos de esta jodienda si pudiéramos". Enfatiza en "esta jodienda" y mira a Ed brevemente, luego sonríe. "Pero supongo que todos estaremos en esto por largo tiempo. ¡Qué remedio, tomemos otra copa!"

Ed la mira y dice: "Cariño, no empieces".

Mamá sugiere que nos olvidemos de la política y dejemos que los Breeden terminen su comida.

Papá trae la Victrola de arriba y la enciende. Subo las escaleras con la voz de Frank Sinatra. Al final, todos los demás se quedan dormidos. Sueño con mariposas y telarañas y autos aplastados como insectos.

Al día siguiente, todos caminamos de regreso a Miches. Me envían a dormir a casa de mi amiga Daisy para que Ed y Norma puedan tener mi cuarto en Casalata. Daisy vive en una pequeña casa de madera con porche y cocina exterior. Las tablas de las paredes están deformadas y dejan entrar la luz de la calle. Compartimos una cama debajo de un mosquitero medio caído. Nos reímos de los ronquidos de su madre en el otro cuarto y nos quedamos despiertas hasta tarde mirando revistas estadounidenses de moda. Después de que apaga la luz, Daisy me envuelve con su brazo y nos acurrucamos juntas como dos cucharas en una gaveta de la cocina. Descubro lágrimas saliendo de mis ojos y me pregunto por qué, hasta que recuerdo que las únicas personas que me abrazan son los dominicanos. Papá solía hacerlo cuando yo era muy pequeña y le gustaba tenerme en su regazo. Todavía me da el beso de buenas noches, pero sus labios son grandes y húmedos, y huelen a cigarrillos, ron, o a ambos. Me da asco. Mamá me da besitos secos a la hora de acostarme, lo que me recuerda a los picotazos de los pájaros. No puedo recordar sus brazos a mi alrededor, nunca. Me quedo mirando las formas de la luz de la calle que entran por las grietas hasta que me quedo dormida.

Para mi decimoquinto cumpleaños, mamá me deja hacer una fiesta, y papá dice que tengo edad suficiente para tomar una cerveza si quiero. Mis padres irán a cenar a casa de los Candelario para que nosotros, los niños, estemos solos. Papá dejó una botella de ron Brugal en la meceta de la cocina para los varones más grandes, pero la escondo en un armario cuando él no está mirando. Cae un chaparrón ligero poco después del anochecer. La lluvia saca a los macos: ranas negras que salen de la laguna para alimentarse de los insectos que encuentran por el camino. Yo los recojo, uno a la vez, y los arrojo fuera del camino. La tía de Daisy, Rebeca, vendrá con el resto de las muchachas como chaperona, pero ella solo tiene diecinueve años y le gusta bailar, así que no nos importa.

Sostengo el vaso de cerveza con cuidado para no arruinar mi vestido nuevo, que todo el mundo dice que me hace ver muy señorita, muy adulta. La cerveza está fría y me la bebo toda de inmediato. Me hace sentir mareada; busco a tientas el borde de la laguna y vomito. Al otro lado de la laguna, una rana croa y un pequeño pez plateado salta del agua, haciendo que la superficie se agite a la luz de la luna. Vuelvo a adentro para limpiar mi vestido sucio y cepillarme los dientes. *Estúpida*, le digo al espejo. Bienve, el novio de Zuleica, me lleva a una esquina después de que me uno al grupo. Dice que acababa de ir a orinar entre los arbustos y escuchó un ruido al otro lado de la cerca. Hay hombres allá.

"Están vigilando la casa. Creo que son Cascos Blancos, pude ver el casco en uno de ellos".

"¡No!" Él debe estar bromeando. Las Cascos Blancos son una especie de fuerzas gubernamentales especiales que espían a la gente. He leído sobre ellos en el periódico, pero no es posible que haya alguno de esos en Miches.

"Ven, ven", susurra. Miramos a través de un agujero en los arbustos y vemos formas abultadas, cuatro o cinco hombres, todos formados en una fila. Tal vez sea el efecto persistente de la cerveza, pero pienso en lo poco que sé sobre este país. ¿Cuántas noches nos han espiado? No me preocupa que alguien piense que papá es un "imperialista yanqui" o que nuestra familia corra algún tipo de peligro. Nosotros hemos estado aquí por mucho tiempo, y la reputación de papá, por vergonzosa que sea, se extiende mucho más allá de Miches. Una vez supimos por un extraño en San Pedro, en el otro lado del país, que sí sabían del "americano loco" de Miches, con su casita de metal y una finca que nombró Cocoloco.

Alguien debe haber enviado espías para asegurarse de que mis amigos no se conviertan en revolucionarios a escondidas. Eso tampoco tiene sentido. Estoy perdida en mis pensamientos cuando Bienve tira de mi mano y salimos de los arbustos silenciosamente. La noticia llega a todos, pero la fiesta continúa como si todo fuera normal. Lo que supongo que es, en verdad, normal. Matilde apaga las luces y Bienve detiene un disco cuando va por la mitad mientras todos cantan *Feliz cumpleaños*. Cierro los ojos, respiro profundamente y deseo que los espías se vayan; deseo que papá deje de beber; deseo que Berta estuviera viva y aquí; luego soplo las velas.

Espero hasta el desayuno para contarles a mamá y papá sobre los extraños en los arbustos. Papá deja su taza de café con el ceño fruncido. "Bueno, supongo que eso no es tan sorprendente", dice. "Deben ser forasteros. Pero, por Dios santo, ¿por qué ahora? ¿Ni que tuviéramos secretos de estado? Oh, bueno, es otra razón para mantener nuestras bocas cerradas". Mamá asiente con la cabeza y le da una larga calada a su cigarrillo con los ojos fijos en algún punto lejano del horizonte.

La predicción de los Breeden de que "algo grande" va a suceder finalmente se hace realidad cuando Su Excelencia, el Generalísimo Rafael Molinas Trujillo, el Benefactor Supremo, El Líder, El Jefe, es asesinado. De camino a visitar a su amante favorita en las afueras de Ciudad Trujillo, su caravana es emboscada por un grupo de hombres que han estado planeando su asesinato durante mucho tiempo. Escuchamos la noticia por primera vez cuando uno de los trabajadores de papá llega corriendo a nuestra puerta trasera, toca el timbre una y otra vez y grita.

"Dios mío", dice mamá ante el escándalo, abriendo la puerta principal. Todavía es temprano en la mañana, demasiado pronto para que sean negócios de la finca, o incluso para los vendedores de leche. Papá está en el baño afeitándose y yo todavía estoy en la cama.

Cuando ella regresa, su rostro está gris. "Mataron a Trujillo". Papá deja escapar un silbido, bajito, y enchufa la radio portátil. Un periodista solemne de Radio Caribe lamenta la pérdida inconcebible del líder supremo, asesinado por la escoria, por los cobardes. Luego escuchamos "CIA", y dicen que es un complot de los yanquis imperialistas. Otro reportero dice que hay muchos rumores de que ni siquiera es cierto, que no ha habido ningún asesinato. Podría ser solo un complot para ver quiénes son sus traidores. El Jefe todavía está vivo y se fue navegando a Puerto Rico en el Angelina, el yate presidencial. Es una broma cruel, tiene que serlo, pero finalmente se confirma el asesinato. Nadie dice una palabra contra El Jefe, no en voz alta, de ninguna manera, y no durante mucho tiempo. Papá dice que aguantaremos bien esta tormenta. Dice que las cosas realmente mejorarán con el tiempo. "Nos quedaremos tranquilos, aunque seguro será un camino difícil".

¿En qué cree que estamos? ¿En una montaña rusa? Sé todo acerca de cómo sobrevivió el gran huracán de 1938 en New England. Sé que papá se congeló casi hasta morir en un trabajo de ingeniería en Rusia, un invierno antes de la guerra. Así que supongo que puedo entender por qué nos quedaremos tranquilos, esta es solo otra crisis que desaparecerá.

Mientras esperamos noticias sobre quién gobernará el país, escuchamos que Estados Unidos está enviando barcos y tropas para proteger los intereses estadounidenses en la República. Papá dice que el presidente Kennedy solo está tratando de asegurarse de que ningún comunista intente tomar el poder, como lo hizo Castro en Cuba. De todos modos, no necesitamos ayuda, dice; solo tenemos que seguir produciendo copra. Joaquín Balaguer asume la presidencia y logra resistir los intentos de toma de posesión de la familia Trujillo. Ex dolientes de Trujillo derriban monumentos y estatuas de El Jefe en todo el país. El nombre de la capital se cambia de Ciudad Trujillo a su antiguo nombre, Santo Domingo. Dejo de tratar de entender qué está sucediendo; todo es muy confuso. Papá tiene razón. La vida continúa igual que siempre. Supongo que estamos demasiado lejos de toda la acción aquí en nuestro lejano pueblo.

Nos mantenemos alejados de la capital porque allí es diferente. Ese sentimiento anti-estadounidense crece cada día más, como una nube de tormenta que se va formando en el horizonte. En Miches, la gente dice cosas malas sobre los yanquis, pero como hemos sido parte de esta comunidad por más de una década, sabemos que no se refieren a nosotros.

Papá no bebe tanto como solía hacerlo, aunque todavía estalla de vez en cuando. Me digo a mí misma que solo falta un año para poder escapar a Florida y tener una nueva vida. Pero ahora le temo a eso tanto como lo anhelo. Berta no estará esperándome.

Nadie, en realidad.

CAPÍTULO DIECINUEVE

EL SUEÑO AMERICANO

El correo viene con un folleto de un internado que está en la parte central de la Florida. Muestra edificios rodeados de pinos y robles que arrastran un encaje de musgo español desde sus ramas. Una hermosa muchacha rubia posa junto al pórtico delantero, sonriéndole a un niño que sostiene un libro. La escuela está en las afueras de la ciudad de *Howey-in-the-Hills*, que imagino que tiene calles empinadas y sinuosas, y tiendas pintorescas como si fuera una portada del *Saturday Evening Post*, del pintor Norman Rockwell.

Solía pensar que me enviarían a una escuela estadounidense en la capital después de que terminara mis cursos por correspondencia, pero mamá dice que en estos tiempos hay demasiada inestabilidad en Santo Domingo y que tal vez no esté a salvo. Ha pasado más de un año desde el asesinato de Trujillo, pero el nuevo gobierno es inestable. Decido no pensar en eso; en cambio, me preocupo por cómo me veré cuando llegue a la Florida, y si habrá un muchacho alto con quien bailar cuando llegue a la escuela.

Miro mi ropa: shorts cortos hechos en casa y camisas manchadas, y los dos vestidos que todavía me sirven. En uno de ellos se ve claramente el remiendo de mamá luego de que yo lo enganchara en un arbusto espinoso. La costurera del pueblo me cose dos faldas, una que también combinará con un suéter nuevo comprado en la tienda. Nerviosa de la emoción, preparo la maleta un mes antes de irme.

Y así, de pronto, finalmente estoy en camino. En el aeropuerto papá me aplasta de un apretón. Veo que está llorando, pero sin hacer ruido. Aparto la mirada mientras se suena la nariz y trata de guiñarme un ojo.

"*See you later, alligator*". Esto lo escuchamos en un disco de *rock-and-roll* el verano pasado, y ahora es la manera de decir adiós de papá.

"*After a while, crocodile*," le respondo, también con un nudo en la garganta. Le devuelvo el abrazo, sin que me importe su camisa manchada de sudor. De repente parece perdido, no aterrador. Me aferro a mamá, temerosa de dejar su olor, su piel. Sus ojos azules están llenos de lágrimas y tristeza, pero de todos modos sonríe.

Al día siguiente, estoy en un autobús rumbo a una nueva vida. Resulta que no hay colinas de las que hablar en Florida. Milla tras milla, miro la llanura por la ventana del autobús; son líneas horizontales perforadas ocasionalmente por carreteras perpendiculares. Junto a la carretera se destacan los pinos y las palmeras. Las casas son rectángulos extensos de un solo piso que parecen todas iguales. A medida que avanzamos por la costa, el Atlántico brilla a la derecha. Incluso las palmas reales crecen hacia arriba, como si esa fuera la regla aquí. En República Dominicana, la tierra se curva hacia las montañas, se desliza hacia bahías irregulares y praderas onduladas. Los caminos se deslizan como serpientes, e incluso algunas chozas están decoradas por rejas curvas de hierro. Florida parece una lección de geometría.

Finalmente, el autobús entra y la angulosidad ahora se rompe por pantanos y ríos. El aire es más suave aquí, pero también pesado. Estoy usando el conjunto de suéter, me da mucho calor, y un par de zapatos nuevos que aún me molestan; así que tengo ampollas en ambos tobillos. En el asiento delante de mí, un niño pequeño gime y su madre lo abanica con una revista. Intento no pensar en Berta, en bebé Mitch, pero no puedo evitarlo. ¿Cómo sería ahora? ¿Podría ser este el niño, este mismo?

Cállate, me digo a mí misma, *deja de pensar*.

Howey-in-the-Hills no hace honor a su nombre; no tiene calles empinadas y sinuosas ni colinas reales, solo algunas colinas cerca de un lago. El aire es húmedo y caliente, no hay brisas tropicales que calmen mi ansiedad. De las ramas torcidas de los vivos robles cuelga denso el musgo español. Me siento fuera de lugar. Mi pelo es un desastre, los pliegues de mi saya son demasiado anchos y el estampado demasiado brillante. Las otras muchachas se ríen y flotan con delicados vestidos con sutiles estampados florales. Según la revista *Seventeen*, *Villager* es la marca de ropa favorita de las adolescentes exigentes en todos lados. Los chicos rodean a las muchachas como abejas. Me siento mareada. Todos los demás parecen pertenecer a esta imagen, y no es una foto de la revista *Seventeen*; esto es real.

Mi cabeza se nubla. Nadie se fija en mí. No seré nadie aquí, nadie en absoluto. En Miches nos buscaban a Berta y a mí solo porque éramos extranjeras que vivíamos con reglas diferentes a las de los dominicanos. Siempre íbamos a ser diferentes. Pero no mejor que ellos, nos advertía mamá. Aún así, podíamos salir del país cuando quisiéramos, a diferencia de los dominicanos. Y ahora no soy nada especial.

El ambiente es confuso. Intentamos averiguar qué fila debemos hacer para la inscripción y cómo apuntarnos para obtener nuestra habitación. Me siento completamente sola en el auditorio, a pesar de que estamos todos juntos para la reunión de orientación. Aturdida, noto el cabello peinado hacia atrás del chico que está frente a mí. Una muchacha mayor, quizás del último año, se encorva en el asiento de al lado, mascando chicle y pintándose los labios al mismo tiempo. Su pulsera de dijes tintinea mientras me sorprende mirándola. Frunce ligeramente el ceño y luego bosteza, como si todo esto fuera muy aburrido, como si yo también fuera aburrida.

Me pregunto si también fue así para Berta. ¿Ella también habría estado asustada? No puedo evitar pensar en ella ahora, aunque trato de alejar cualquier pensamiento porque no quiero llorar. Finalmente logro llegar a la habitación que compartiré con Beth Porter durante el próximo año. Sé su nombre por la lista de registro de los dormitorios. La puerta está abierta y veo dos camas perpendiculares una de la otra. Una muchacha alta de cabello castaño me saluda cuando entro: "Hola, soy Beth". Ella señala hacia el armario.

"Déjame saber si necesitas más espacio". Llevo mi única maleta a la cama y cuando termino de desempacar, me dice: "¿Eso es todo lo que tienes?" Luego hace una mueca y dice: "Lo siento, no quise decirlo de esa manera".

"No te preocupes", digo. No sé qué decirle, pero eso no es un problema. A Beth le gusta hablar.

Enseguida me cuenta acerca de su novio Charlie. Beth dice que está en el internado porque ella desaprovechó el noveno grado en la escuela pública y sus padres pensaron que la escuela privada la ayudaría.

"¿Tus padres están muy enojados contigo?", pregunto, desconcertada por su tono alegre cuando me parece que la han enviado a aquí como castigo. Berta y yo no nos atrevíamos a sacar malas notas cuando estábamos en casa. Eso nos pondría en riesgo de recibir azotes con el viejo cinturón de cuero de papá.

"¿Enojados?" pregunta, negando con la cabeza. "Ellos solo quieren alejarme de Charlie para que pueda concentrarme en mis estudios. No es que no les agrade; sí les gusta".

"¿Entonces no le tienes miedo a tu padre?"

Beth me mira y frunce el ceño. "¿Miedo a papá? No. Supongo que mamá es la más estricta, pero ella es buena también. Aunque me regaña mucho. Eso no lo voy a extrañar".

Me recuesto contra las almohadas y trato de imaginar cómo sería pertenecer a una familia como esta: no tener miedo de mi padre, incluso que te agrade.

"Entonces ya sabes todo sobre mí", dice Beth. "Ok, es tu turno".

Empiezo a comentarle sobre Miches: de Casalata y Cocoloco, y, mientras hablo, estos nombres suenan singulares y tontos de repente. Ella pregunta por mi familia. Miro la funda de la almohada que estoy retorciendo en un nudo y digo algo normal sobre mi familia, como que a mamá le gusta leer libros y que papá era ingeniero antes de convertirse en un agricultor que siembra cocos. Describo la finca y lo bonita que es la playa.

"¿Tienes hermanas o hermanos?"

Me detengo. ¿Yo? ¿Tuve hermanos? Tartamudeo y digo que no, que soy solo yo. Me levanto rápidamente y digo que tengo que ir al baño. Para mi alivio, ella vuelve al tema de Charlie, y luego suena el timbre del almuerzo y nos vamos juntas a la aventura de nuestra primera comida en la cafetería de la escuela. Dos de mis profesoras pasan por mi pupitre después de las clases y me preguntan: "¿Tu hermana no solía venir a aquí? ¿Qué le pasó? Ella era buena estudiante. ¿Está en la universidad ahora? A ellas simplemente les asiento con la cabeza, sí, sí, ella está bien. Afortunadamente, Beth no está en ninguna de esas clases, pero se está haciendo difícil llevar la cuenta de qué le he dicho a quién.

Me meto en problemas la segunda semana de clases en la sala de estudio de las noches. Beth y yo hemos terminado nuestra tarea, así que empiezo a dibujar e imito una imagen de un libro de arte. Es la pintura de la Venus de Botticelli, y exagero sus senos desnudos, su pelo de serpiente voladora y la concha que está a sus pies. Cuando termino, se lo paso a Beth. No me doy cuenta de que el monitor de la sala de estudio ha estado observando el intercambio. Me estoy lavando el pelo en el fregadero esa noche después de la cena cuando un fuerte golpe en la puerta interrumpe el silencio. La Mrs. Hitchens, la responsable de los dormitorios, está parada afuera. Su complexión la hace parecer una bujía, tiene el pelo rojo mal teñido y las piernas arqueadas. Ella me señala y dice que el decano quiere verme ahora mismo en su oficina. No tengo idea de por qué, mi cabello está lleno de champú.

"Enjuágalo", me grita. "Él está esperando". Me pongo unos shorts y una sudadera, y envuelvo en una toalla mi cabello empapado.

El decano frunce el ceño bajo el resplandor de una lámpara de escritorio. Toma un papel arrugado y me arroja el dibujo de Venus. Miro hacia atrás, asustada. "Sé que esto es suyo, jovencita. Puedo hacer que te expulsen. Quiere volver a su casa; ¿es eso?"

"No, no. Fue sólo una broma", tartamudeo. No puedo continuar; mi garganta se ha hecho un nudo. Me retuerzo en la silla. No puedo ir a casa, papá también me repudiará, y luego, ¿qué pasará? El reloj detrás del escritorio hace tic, tic, tic. Yo ahogo una tos. El decano finalmente retira el papel y lo rompe. "Considera esto una advertencia".

Beth está en la cama mirando una revista cuando yo entro y estallo en llanto. Ella pone su brazo alrededor de mi hombro mientras le cuento lo que pasó. "No te preocupes", dice ella. "Oye, tu dibujo era bueno; él no podría reconocer lo que es arte aunque lo vea". Me reconfortan las palabras de Beth. Actúa como si tuviera que ocuparse de mí, o al menos cuidarme. Es una sensación realmente extraña que alguien quiera protegerme. A medida que pasan los días, Beth dice que siente lástima por lo que ella denomina como mi "vida en refugio", y me enseña cómo aplicarme el maquillaje correctamente y cómo usar los rolos para levantar al máximo mi cabello lacio.

Al menos aquí sé exactamente dónde se supone que debo estar y qué se supone que debo hacer. Por la noche no tengo muchas pesadillas y tampoco hay grillos que cazar y matar. Los domingos usamos nuestros abrigos de la escuela y vamos a la capilla. Es la primera vez que tomo asiento en algún servicio religioso. Mr. McFarland es el capellán y consejero escolar. Es un hombre delgado con cabello oscuro y ojos marrones, y usa espejuelos con montura hecha del cuerno de algún animal. Le pregunto a Beth qué hace un consejero y ella dice que ayuda a los niños que están en problemas. Me gusta sentarme en la penumbra de la capilla mientras su voz tranquila nos guía en la oración o el canto. No puedo imaginar por qué papá pensaría que este tipo de cosas son tan terribles. Los sermones del Sr. McFarland tratan sobre el perdón y el cariño, y me bebo todas las palabras como si me hubiera estado muriendo de sed y no lo supiera hasta ahora. Después de la capilla, él suele esperar en la puerta y saluda a los estudiantes que quieren hablar. Quiero conocerlo, pero me siento tímida e incómoda, así que salgo corriendo como si estuviera ansiosa por hacer la fila para el almuerzo.

Casi me acostumbro a la comida de aquí. La cafetería sirve hamburguesas grandes y planas, salchichas grasientas, puré de papas casi líquido, y verduras y frutas enlatadas. No hay aguacates frescos, mangos o piñas—tan picantes con las que se te haga la boca agua de solo pensarlo. Aquí el postre es gelatina, o "pudín de pan", que Beth dice que hacen con rebanadas viejas y rancias que sobraron del desayuno.

Un sábado, Beth y yo tomamos un autobús a un pueblo cercano para abastecernos de maquillaje en la Farmacia Eckerds. Esto me parece innecesario porque el estante de Beth junto al lavamanos ya está lleno de frascos y tubos de todo, desde laca para el cabello hasta crema para la cara. Beth toma una canasta de alambre y atraviesa el caos de productos hasta el mostrador de Maybelline, donde va a comprar el último color que han sacado, "Beso de mandarina". Supongo que su mesada debe ser mayor que la mía, pero luego me muestra la cesta de ofertas, donde dice que podemos conseguir cosas realmente buenas por casi nada de dinero. Miro por encima, perdida, y ella dice que no, no esa marca, no es buena, pero aquí, esta es genial. Al final termino con un lápiz labial nuevo y un delineador de ojos marrón que Beth dice que hará que mis ojos resalten, lo cual aprendí que es muy importante ya que uso espejuelos.

Pasamos por la vidriera de Howey Homes, Inc. con su gran letrero que presumía de Bellos Hogares en Little Lake Harris, y vemos a las mujeres que en el salón de belleza Pleeze-U. La hamburguesería está llena de estudiantes. Ahora ya sé cómo comprar maquillaje; me siento casi como si fuera una de ellas, no como una muchacha rara de un país extranjero. Pedimos vasos de Coca-Cola y grandes *moon pies*, que son galletas con malvaviscos blancos aplastados entre ellos.

Cada día se siente un poco más seguro, especialmente en la noche, después de que se apagan las luces. Es la primera vez que no he tenido que temer el sonido de la voz altísima de papá con su borrachera. Las noches se enfrían a medida que llega el otoño, otra nueva sensación. Extraño a mamá, al mar y el ruido de la lluvia. Aquí las tormentas eléctricas son amortiguadas por paredes gruesas y techos insulinados.

Berta siempre está en mi mente. No puedo evitar pensar que ella estuvo *aquí*; ella estuvo en estos dormitorios, tal vez incluso en esta habitación. Ella tomaba esta clase, tenía este maestro. Para evitar preguntas de los trabajadores y los maestros, decido permanecer siendo invisible. No me es difícil; he estado practicando durante años. Nadie me elige para los equipos de Educación Física hasta que solo quedan dos o tres de nosotros parados, los que sobramos. También soy la última opción para escoger un compañero en la clase de Biología. Las ranas muertas, todas expuestas en formaldehído, me dan ganas de vomitar. Al menos soy buena en Inglés y en Arte, y especialmente en Geografía, por todos esos años estudiando cuidadosamente cada palabra, imagen y mapa en las revistas *National Geographic*. Cuando se publican las calificaciones en el edificio principal para que todos las vean, me sorprende ver mi nombre en la lista de los estudiantes con las notas más altas. Escucho alguien que me dice "Bien hecho", y ahí está el decano parado detrás de mí, su mirada ya no es severa. Mientras sonríe, me pregunto si se habrá dado cuenta de que obtuve una A+ en Arte.

Un domingo finalmente me quedo después de la capilla para conocer a Mr. McFarland. Le digo mi nombre y lo mucho que me gustan sus sermones, pero me mira de forma extraña, como si ya nos hubiéramos conocido, y luego me pregunta si soy familia de Berta Gardner, quien estuvo aquí hace unos años. Miro a mi alrededor para ver si alguien más está escuchando, pero nadie está al alcance del oído. No puedo fingir que no escuché su pregunta, tampoco puedo huir porque él todavía sostiene mi mano en la suya. Sus ojos ven hasta los lugares que mantengo ocultos, donde viven los secretos. No puedo hablar, pero empiezo a temblar.

El Sr. McFarland me lleva rápidamente a su oficina y cierra la puerta. Señala hacia una silla y me dejo caer en ella, mi garganta está apretada, hinchada y cerrada. "Bueno, bueno", dice, y ese comentario me suena extrañamente divertido, y resoplo, medio riendo y medio llorando. Él saca un pañuelo blanco que huele a jabón Ivory. "Mira", dice, y estoy avergonzada de estarme riendo, porque nada es gracioso. He leído acerca de personas que se ponen histéricas. Eso es. Soy histérica y loca. Quiero salir de la habitación, pero no puedo moverme. Mr. McFarland simplemente se sienta allí. Aprieto el pañuelo y me limpio la cara hasta que está húmedo por las lágrimas. "Lo siento", le digo al pañuelo sucio, como si le hubiera hecho algo malo, y luego miro al Sr. McFarland y sus ojos dicen que sí, puedes decir cualquier cosa, todo.

Y así lo hago. Es el primer adulto con el que hablo directo, sin esconderme, sin fingir. Mi voz es baja y tensa, como si estuviera saliendo de una cueva oscura a la luz del sol y no estuviera segura de que no hay peligro afuera con todo ese brillo. Le hablo de papá y de cómo se supone que debemos ser una familia feliz, pero no lo somos. Luego tartamudeo en la parte sobre cómo desapareció Berta, y sobre el recorte del periódico, el de la muchacha rubia que fue hallada muerta poco después de su desaparición, y que esa probablemente fuera ella.

El Sr. McFarland pregunta cómo me sentí cuando todo sucedió, pero no sé cómo responderle. Así que me encojo de hombros. ¿Sentir? No creo que se me permitiera sentir nada.

Sacude la cabeza como si no pudiera comprender bien cuando le digo que mamá y papá nos obligaron a mantener todas estas terribles noticias como un secreto familiar. Intento explicarle por qué se siente como si Berta nunca hubiera existido en casa, dentro de nuestras cuatro paredes; que Berta es solo una historia que contamos a otras personas, una historia inventada. Le digo que pensé que venir a Estados Unidos sería el fin de la mentira, al menos aquí. Pero no lo es. Incluso aquí, incluso él, siempre hay alguien que es cortés y hace las preguntas habituales de "cuéntame acerca de tu familia". Estoy harta de decirles que soy hija única porque por dentro mi voz grita "¡MENTIROSA!"

Luego le digo que cuando veo a un niño pequeño ahora, me pregunto: ¿Será este el bebé de Berta? Como si de alguna manera pudiera reconocerlo si lo viera. Finalmente, no hay más que decir. No hay ningún lugar donde esconderse ahora. La voz de Mr. McFarland me interrumpe y empiezo a llorar de nuevo, pero esto es más como la llovizna que queda cuando acaba de pasar una tormenta. Los ojos del Sr. McFarland están húmedos. Dice que recuerda bien a Berta. Ella era especial, probablemente una de las estudiantes más inteligentes de toda la escuela. Su voz me envuelve como una manta tibia. Me sorprende cuando dice que ya no tengo que mentirle a nadie. Así de pronto.

"Pero..."

Él continúa, desestimando mi "pero" como si fuera un mosquito molesto. Dice que puedo decir que sí, que tengo una hermana, pero que ha decidido marcharse y no decirnos dónde está.

"Pero... creo que está muerta".

"Entiendo", dice. "Deja esa parte fuera—no dolerá tanto. Di la verdad, pero no tienes que contarlo todo. Simplemente detente ahí. Si alguien pregunta más, di que prefieres no hablar de ello, y punto".

Oh. Nunca había pensado en eso. De nuevo me pregunta cómo me siento. No sé muy bien cómo decirlo, pero estoy más ligera por dentro, como si hubiera sacado parte del peso que vive allí. Me da una palmadita en el hombro y se pone de pie. Dice que venga a verlo cuando sea necesario. "En cualquier momento", recalca. Más tarde, Beth entra en nuestro dormitorio y pregunta qué pasa, y le digo que estaba hablando con Mr. McFarland. Ella dice:

"¿Estás bien?"

Respiro profundo.

"¿Puedo decirte algo?"

Entonces le digo que no era verdad cuando le dije que no tenía hermanos ni hermanas, y, aunque mi voz amenaza con apagarse, me las arreglo para soltar lo que sugirió Mr. McFarland. Aguanto la respiración, esperando a ver si mi breve respuesta será suficiente para ella o no.

Todo lo que dice es:

"Oh, lo siento". Y, luego, después de un breve silencio, "Apuesto a que la extrañas mucho".

Vacaciones de Navidad, Florida.

CAPÍTULO VEINTE

GUERRAS FRÍAS Y CÁLIDAS VACACIONES

Beth y yo hemos progresado hasta el punto de preocuparnos por cosas como el acné que nos ha salido en las caras y la maldad de algunos de los estudiantes, los que se juntan como una bandada de pájaros gorjeantes y nos ignoran como si ni tan siquiera existiéramos. Susurran a las espaldas de una muchacha porque tiene el pelo corto como el de un niño, y uno de ellos se burla del muchacho tímido de la clase de historia que tartamudea y camina cojeando. Todavía estoy aprendiendo a estar aquí, como si estuviera nadando en aguas turbias donde no estoy segura de cuán profundo está el fondo, qué tan lejos está de la orilla o si los tiburones están merodeando en busca de carnada.

Nunca imaginé que sería así, eso de que los estudiantes, que aparentemente son perfectos, se burlan de sus propios compañeros de clase. En Miches, nadie hacía eso—no con maldad. Pienso en un artículo de *National Geographic* que leí una vez sobre los animales en su entorno salvaje y cómo los fuertes eliminan a los débiles de la manada para poder sobrevivir. Pero no estamos en una pradera africana con leones persiguiendo terneros pequeños; estamos aquí en Estados Unidos, sanos y salvos.

Me asignaron como supervisora de la sala de nuestro piso en el dormitorio de chicas. Camino por los pasillos después de que se apagan las luces y observo qué habitaciones tienen luz debajo del marco de la puerta, y luego, al día siguiente, le doy los números de las habitaciones a la señora que está a cargo. Una de las muchachas populares se mete en problemas de esa manera; ella espera unos días hasta que Beth sale de nuestra habitación y luego irrumpe con una de sus amigas. "¡Eres una perra!", grita, y me empujan hacia dentro del armario. De alguna manera me encierran y cierran de golpe la puerta de la habitación, y yo me siento en el piso, sintiéndome como aquella vez que a Berta y mí nos encerraron dentro de una caja durante horas en Casalata antes de que nos rescataran. El pánico se me mete en la sangre y empiezo a temblar como si nunca fuera a salir. En Miches tenía a Berta a mi lado tranquilizándome, pero ahora lloro y me acurruco como si fuera una bola en la oscuridad junto a la ropa sucia. Mi corazón acelerado dice que nadie me encontrará. Pero Beth me halla, por supuesto. Ella me abraza con fuerza, su cabello huele a champú *Breck* y desodorante de menta. Recupero el aliento y le cuento lo que pasó.

"Son malditas", dice. "Ven, bajemos al lago para que puedas calmarte".

Me temo que me encontraré con mis torturadoras, pero Beth dice que las ignore. Seguimos el sendero que bordea el agua. Una ligera brisa viene del lago y susurra entre los pinos. Las ramas de los árboles ondean en el aire húmedo como brazos de ancianas vestidos con pañuelos verde-grisáceos de musgo español. Le digo a Mrs. Hitchens que ya no quiero ser supervisora de la sala.

No presto mucha atención a las noticias, aunque se habla mucho por estos días sobre la Guerra Fría. Estados Unidos y la Unión Soviética están en una carrera armamentista. Me recuerda a los gallos en el ring de pelea de Miches levantando las plumas de sus colas para verse más grandes y fuertes que el oponente.

En la capilla, el domingo, el Sr. McFarland dice que todos debemos orar por nuestro país y nuestro presidente, para que Mr. Khrushchev tome las decisiones correctas y para que Cuba, tan cerca de nosotros, desmantele todas esas armas mortales. Pero en medio de todo esto, nuestras clases continúan según lo programado, a excepción de los simulacros de emergencia obligatorios en el auditorio. Hacemos bromas nerviosas sobre cómo todos esos preparativos no importarán de todos modos si nos ataca una bomba nuclear, y tan pronto como terminan las clases nos concentramos en la próxima fiesta de Halloween de la escuela.

No tengo un disfraz de verdad, pero con mucho delineador de ojos y una peluca negra barata de Eckerd's, que Beth me amarra en una montaña de pelo revuelto, se supone que soy Elizabeth Taylor. Es mi primera fiesta de Halloween. El gimnasio es un bosque de serpentinas naranjas y negras. Arruino mi maquillaje en un juego, pero dos chicos me invitan a bailar de todos modos. Apenas recuerdo sus caras porque estoy aterrorizada de que descubran que no conozco ninguno de los pasos de la música americana. Los imito tanto como puedo, pero me alegro cuando termina la fiesta y puedo irme a la cama. Todavía tengo pesadillas sobre Berta, pero la mayor parte del tiempo me dejo llevar por los suaves ronquidos de Beth que me recuerdan que no estoy tan sola como creo.

La escuela cierra por las vacaciones de invierno y Beth me invita a pasar la Navidad en su casa en un pequeño pueblo de la Costa del Golfo. El autobús *Trailways* atraviesa bosques irregulares y bordea un pantano negro con agua tan opaca que parecen los ojos vidriosos de un pez muerto. A medida que nos acercamos a la costa, los pantanos se llenan de manglares, sus raíces enredadas se elevan por encima del agua como faldas que gotean. Cuando el Golfo de México aparece a la vista, me siento feliz de ver el mar abierto, el sol dorado opaco que se hunde en el horizonte. Había olvidado lo mucho que extraño ver el océano, cuán hambrienta estaba de respirar el aire salado y ver los amaneceres y los atardeceres teñir el agua.

"Mira, mira", Beth me da un golpecito de emoción cuando llegamos al estacionamiento del autobús. Charlie está recostado en un convertible negro, parece un póster de James Dean con su pelo oscuro y rizado recogido en una coleta.

"¿No te parece bonito?"

Me doy cuenta de que se refiere al auto, que me ha dicho es un *Buick Electra* de 1960 con neumáticos de banda blanca. El padre de Charlie lo deja conducirlo en ocasiones especiales. No sé si Beth está más emocionada de ver a Charlie o al convertible. Ella corre hacia él y le planta un beso en los labios delante de todos, algo que a ninguna chica de Miches se le permitiría hacer en público.

Cuando llegamos a la casa de Beth, Mrs. Porter abre la puerta principal y nos da un abrazo que huele como el pastel de manzana que está horneando. Conocí a los Porter cuando fueron a la escuela en Thanksgiving. Mrs. Porter nos indica que pasemos al cuarto de Beth, donde han preparado una cama adicional para mí. Un oso de peluche está posado sobre esta con los brazos abiertos en señal de bienvenida. En la sala de estar, un árbol de Navidad está repleto de adornos brillantes, hilos de palomitas de maíz de verdad y escarcha plateada. Durante la cena, Mr. Porter sirve té frío; no hay alcohol a la vista. Empiezo a levantar mi tenedor, pero Beth toca levemente mi brazo, y todos juntan las manos mientras Mrs. Porter da las gracias a Dios.

Entonces todos, excepto yo, hablan a la vez, riendo y comiendo; y se siente extraño estar sentada en la cena con una familia, sin razón alguna para estar en silencio o tener miedo.

Al día siguiente, Charlie nos lleva a un auto restaurante de hamburguesas con camareras que patinan hasta los autos. Cuando regresamos, él dice que deberíamos tener una cita doble la próxima noche con su amigo Steve. Nunca he tenido una cita real. Steve tiene pelo color arena y ojos verdosos. Es solo un poco más alto que yo, y de hombros anchos. Al principio me quedo muda, pero él me ofrece una amplia sonrisa y luego todos nos subimos al convertible de Charlie. *The Shrimp Shack* está al final de un largo muelle y está decorado con redes de pesca y bolas de cristal, de esas llegaban a la orilla de la playa en Cocoloco. Charlie y Steve están en el equipo de fútbol de su escuela secundaria, por lo que hablan de deportes hasta que llegan una montaña de camarones humeantes, seguidos de un cubo de ensalada de col y pasteles de maíz. Siento miles de burbujas de emoción por dentro.

De vuelta a la casa, Steve me acompaña al porche y me invita a una fiesta la noche siguiente, Nochebuena. Estoy sorprendida de que me invite a salir de nuevo. A la tarde siguiente, Beth envuelve mi cabello lacio en unos rolos puntiagudos y, cuando termina, tengo una ondulación muy rígida cortesía de aproximadamente un galón de fijador. Steve aparece arrastrando una nube de perfume marca *English Leather*. Conduce el destartalado *Jeep* de su tío, pero el interior está impoluto. Caminamos hacia la fiesta y podemos escuchar a The Sensations a mitad de la cuadra—a todo volumen suena la popular canción *Let Me In*.

Mientras avanzamos desde donde se estacionan los autos, Steve toma mi mano como si fuera lo más natural del mundo. Cuando tocan una canción lenta, me acerca a él y dejo que me guíe mientras Ray Charles canta *I Can't Stop Loving You*; me las arreglo para no pisarlo. Después de la fiesta volvemos a casa de los Porter. Me acompaña hasta el porche y toma mi barbilla entre sus manos. Allí mismo me da un beso rápido en los labios, solo un aleteo, como una mariposa aterrizando y despegando. Respiro profundamente mientras él susurra:

"La pasé muy bien. ¿Puedo llamarte mañana? Ya sabes, ¿después de que terminen las cosas de Navidad?"

"Está bien", digo, y me derrito cuando paso de la puerta principal.

Beth aun está afuera con Charlie. La señora Porter está leyendo en la sala de estar.

"¿La pasaste bien, querida?"

"Sí, señora". *Oh, sí*, pienso, *ni se imagina*.

Me recuesto en la cama. Estoy aun completamente vestida y reproduzco el beso en mi mente como si fuera un disco, una y otra y otra vez. La mañana siguiente es Navidad. Incluso mientras desato las cintas de los regalos, por dentro estoy desenvolviendo el recuerdo del beso de anoche y sé que ya tengo el mejor regalo del mundo.

Esa tarde, Steve llama y hacemos planes para hacer un picnic en la playa con Beth y Charlie. Entrecerramos los ojos bajo el tenue sol del invierno y extendemos una manta de playa que anclamos con la hielera. Entierro mis pies descalzos en la arena por primera vez en meses mientras las gaviotas graznan por encima de las olas blancas. Los chicos encienden un fuego en la playa y asamos salchichas. Charlie y Beth recogen la madera que está a la deriva, y Steve y yo buscamos conchas.

"Toma". Me entrega un diente de tiburón. "Algo para que me recuerdes".

Envueltos en una manta, nos acostamos en la fría arena invernal, mi cabeza en su hombro. Huele a sal, colonia y humo. Me siento cómoda y emocionada al mismo tiempo. Pone mi cara frente a la suya y pasa su dedo por mis labios. Examino sus ojos, son verde pálido con manchas doradas. De repente me besa y sus labios son suaves y delicados. Me acerco más y él envuelve sus brazos alrededor de mí. Ahora su lengua se mueve entre mis dientes y me quedo en estado de shock. El miedo se filtra como una niebla, junto con una voz baja que dice "puta, puta", y empujo a Steve abruptamente. Todo mi cuerpo está temblando ahora, como si papá estuviera allí mismo en esta playa de Florida, escupiendo palabras desagradables. Intento deshacerme de la sensación de pavor, trato de apagar la voz de papá. Ahora también es la voz de Berta, un lamento angustiado. Steve me mira fijamente.

"¿Estás bien?"

"Sí", me las arreglo para responder. "Es solo que hace un poco de frío aquí". Eso es todo lo que se me ocurre decir. No puedo hablarle de las voces en mi cabeza. Me da su chaqueta y le avisa a los demás que ya deberíamos irnos.

El último día, Steve y yo vamos por última vez al muelle y él pone mis manos en las suyas y me pregunta si podemos ser novios. Me río porque no puedo creer que me esté preguntando eso.

"Te escribiré todas las semanas, cariño", susurra mientras Beth y yo subimos al autobús el día de Año Nuevo. *'Cariño', me llamó 'cariño'.*

Cierro los ojos y puedo sentir los besos salados mientras el autobús resuena de regreso a la escuela.

"¡Estás enamorada!" me dice Beth.

Enamorada. Me gusta esa palabra.

*****

Un sobre con una letra desconocida llega a la semana siguiente. Lo abro y se salen las fotografías de nuestro picnic en la playa. Steve escribe acerca de cómo me extraña, me cuenta que su *Jeep* se averió, y termina con *un Adiós. Escríbeme. "Con amor", Esteban. P.D., ¡Viste, estoy aprendiendo español!*

Enmarco la foto que Steve me tomó con el cabello revuelto por la brisa y pego el diente de tiburón en la esquina del marco. En la foto no tengo mis espejuelos puestos; mi mirada de ensueño es realmente una visión borrosa por mi miopía. Beth y yo volvemos a su casa para Semana Santa, pero son unas vacaciones cortas, por lo que nuestro tiempo con los chicos es breve. En nuestro último día juntos, Steve y yo volvemos a la playa y nos acurrucamos en una duna. Steve apenas puede respirar ahora, tiembla contra mi piel y estamos acostados así, sin siquiera besarnos. Nuestras caras están lo suficientemente cerca como para sentir la respiración irregular del uno y el otro, inhala, exhala, inhala, exhala. Esta vez no intenta besarme.

Después de regresar a la escuela, Steve me escribe todas las semanas y luego hay un intervalo de dos semanas. Cuando llega la siguiente carta, me cuenta cómo están mejorando sus calificaciones, y que va a comprar el Ford 57 de su tío por solo $400 dólares. El último párrafo comienza: *¿Te acuerdas de Helen, la chica con la que estaba hablando cuando el semáforo estaba en rojo en Semana Santa? Bueno, hoy me pidió que la llevara al baile de graduación, pero le dije que tengo novia. Es una buena amiga, pero eso es todo.* Termina la carta diciéndome que me extraña.

Por supuesto que otras chicas quieren salir con Steve. ¿Quién es Helen? No la recuerdo excepto como un bocinazo y el saludo de una rubia que iba en un auto en un semáforo. No estaba prestando atención. No sé cómo responder a su carta. Al día siguiente, John, un chico tímido de mi clase de Biología, me invita a nuestro baile de primavera. No sé qué hacer, pero finalmente digo que sí. Esa noche me siento a escribirle a Steve y rompo borrador tras borrador, hasta que finalmente escribí que debería ir a su baile de graduación si quiere, y que yo acepté una invitación a un baile, pero que no es una cita real tampoco. No le digo que John mide un metro ochenta y es bonito en su manera desgarbada, excepto cuando está en la cancha de balóncesto y lanza pelotas a la canasta como si fuera un mago.

Steve me responde y dice que fue a pescar el fin de semana del baile de graduación, pero que podría llevar a Helen al cine uno de estos días, y que espera que yo me haya divertido en mi baile. El último día antes de salir de la escuela por las vacaciones de verano, recibo una postal de una playa de la Costa del Golfo con un muelle en primer plano y dunas de arena a la derecha, como cuando estabamos juntos. En tinta azul, un corazón y una flecha señalan una de las dunas. Steve escribe: *Sé una buena chica y pórtate bien este verano. Nos vemos después, a menos que alguno de los dos comience a salir con otra persona, ¡ja, ja! Hasta luego. Con amor, Esteban*.

Mi estómago se hace un nudo, aunque tiene sentido que probablemente comience a salir con alguien. No estamos en la misma ciudad y, además, nunca estaremos juntos durante el verano, porque es cuando voy a casa en Miches, que es también donde estaré después de graduarme.

Guardo la postal en mi maleta de todos modos. Dice "*Amor*".

Es algo por lo que podría recordarlo.

Palma de coco.

CAPÍTULO VEINTIUNO

VERANO EN MICHES

El avión vuela bajo sobre el Caribe y rodea la costa rocosa. Me pego al cristal frío mientras mis ojos se alimentan del agua turquesa brillante con sus parches de encaje blanco, donde los arrecifes de coral se elevan y rompen la superficie. El avión se sumerge y nos sorprendemos en un campo de vacas cuando aterrizamos con una serie de sacudidas y golpes. Los pasajeros aplauden y silban, agradeciendo a Dios y a la Virgen de Altagracia por un aterrizaje seguro, como si el piloto no tuviera nada que ver con nuestra supervivencia. La mujer que está sentada a mi lado guarda su rosario; creo que ella oró todo el camino desde Miami.

La puerta del avión se abre y entra un denso aire tropical, pesado, con un aroma a asfalto caliente, combustible de motor y brisa salada. Huelo los aromas familiares y es como si los meses en Florida nunca hubieran sucedido. La escuela, Beth, e incluso Steve parecen parte de un sueño metido en mi maleta, guardado por ahora. Mi corazón late con fuerza, y ahí está papá saludando. No puedo creerlo, pero me alegro de verlo; bueno, solo un poco. Hay nubes de cigarro, el humo se mezcla con el perfume y el café quemado del puesto de café. La cola para los extranjeros que entran al país es muy corta. Soldados armados patrullan el aeropuerto portando ametralladoras en sus correas. El cabello de mamá ahora se está poniendo blanco. Ella y papá están apretados contra la valla de metal que separa a los visitantes de los pasajeros. Ambos parecen abatidos, como prisioneros.

Trago saliva y me lanzo a través de la puerta para recibir el abrazo de papá. Es todo costillas y huesos, su piel es color tabaco marrón y está arrugada. Su corazón late rápido mientras pongo mi rostro en su cuello. El cabello de mamá está lacio por el sudor, y sus hombros se curvan hacia adentro como si hubiera estado enfrentándose a un enemigo durante mucho tiempo, pero ahora hubiera ya renunciado a la lucha.

Papá retrocede y se seca los ojos; luego se endereza, como tomando el mando. Enciende un cigarrillo y tose con un sonido desagradable.

"Está bien, entonces. Salgamos de aquí de una vez".

El joven guardia de la puerta pide nuestros papeles. "Vivo aquí", dice papá. El guardia ladea la cabeza y le hace un gesto a otro hombre, que se levanta lentamente, como si se tratara de una imposición.

"¿Cuánto tiempo?"

"Casi veinte años".

Los guardias se miran y se encogen de hombros. Uno de ellos le pide a papá un cigarrillo. Nuestro chofer, que espera en la acera, abre la puerta del auto y silba para llamar la atención de los guardias.

"Oye, hombre, ¿cuál es el problema?"

"Nada, nada".

Nos deja ir después de sacar dos cigarros de la cajetilla arrugada que le ofrece papá. Salimos a la calzada. Papá sostiene un fósforo con otro cigarrillo e inhala profundamente. Mamá se acerca y me toca el hombro como si no pudiera creer que estoy aquí, no puede creer que no desaparecí como Berta. Ella me dice "mi preciosa bebé" una y otra vez, y beso su mejilla húmeda y sus arrugas de preocupación. Sumerjo mi rostro en su cabello, deseando poder aliviar su ansiedad.

Le pregunto cómo van las cosas en la capital. Mamá baja la voz, como si todavía estuviéramos en los años de Trujillo, y dice que es demasiado pronto para decir, pero hay rumores de un golpe de estado. Supongo que eso explica los guardias armados.

"No es nada de lo que debas preocuparte, cariño". Acaricia mi mano. "No hablemos de eso".

"Nosotros tranquilos, como siempre", dice papá.

Enciende otro cigarrillo y le da un par de caladas profundas. Me quedo dormida un rato en el auto con la cabeza apoyada en el hombro de mamá. Ella me despierta con una sacudida para que vea cómo las luces de Miches se extienden debajo como un chal de oro hecho jirones, lleno de agujeros negros. Al pasar por la plaza del pueblo y la iglesia busco caras familiares, pero las calles están vacías. Es la hora de la cena. El carbón de leña desprende un olor a carne asada y guisos burbujeantes. Esquivamos a un perro dormido y a una bandada de palomas, y luego estamos en casa. Una vez adentro, Casalata parece diminuta. Soy una gigante en mi habitación, como Alicia en el País de las Maravillas cayendo por un pequeño agujero que es extraño y familiar al mismo tiempo. La cama de Berta ahora se usa para almacenar cosas. Una hilera de cajas de cartón se posa en su colchón, todas cuidadosamente etiquetadas: negocios de la finca, registros contables. De repente estoy al borde de las lágrimas. Debería estar acostumbrada a tener esta habitación para mí sola, pero aún quiero tener el espacio de Berta listo para ella, la cama hecha y el mosquitero para protegerla de los insectos.

El cielo se vuelve negro y comienza a tararear tenues sonidos nocturnos mientras saco las cosas de la maleta. Papá dice "Ven y siéntate con nosotros en el porche", y así lo hago. Mi estómago se contrae como solía antes al ver la botella de ron. De pronto, es como si nunca me hubiera ido, y ahora Casalata se expande y yo me vuelvo cada vez más pequeña. Me obligo a inhalar, exhalar, como Beth me enseñó cuando le dije que no sabía lo que significaba relajarse.

A la mañana siguiente, mis amigos descienden sobre mí como una bandada de loros brillantes, picoteándome con dulces besos hasta que mi cabeza da vueltas de la alegría. Me ponen al día con los últimos chismes y todos quieren saber si tengo un novio americano. Digo "algo parecido", y les cuento todo sobre Steve y cómo en Estados Unidos podemos salir solas con chicos.

"Ay", suspira Matilde. "Si tan solo nosotras pudiéramos".

Tenemos planes de hacer una fiesta en el bar de María Antonia esa noche. Un chico nuevo se une a nosotros, un estudiante universitario que viene de Santo Domingo. Recuerdo vagamente a Luis; era unos años mayor que yo y solía intentar cortejar a Berta, pero papá, por supuesto, no lo permitiría. Mientras se acerca a la mesa, de repente me olvido de Steve. Luis ya es bastante mayor, sus ojos son oscuros e intensos. Me mira fijamente.

"Mírate", dice. Luego se sienta sin dejar de fijarse en mí. Es casi tan alto como papá, más de seis pies, supongo. El estómago se me aprieta como si estuviera en una montaña rusa a punto de sumergirme en caída libre. Lo miro rápido, casi con miedo de ser golpeada por la sensación eléctrica que ocurre cuando nuestras miradas se encuentran. Nunca me he sentido así con Steve, incluso aunque él haya sido el primer y único muchacho al que he besado. Es como si mi cuerpo se despertara por primera vez.

Cuando la victrola toca un bolero romántico, Luis extiende la mano invitándome a bailar. Su brazo se desliza alrededor de mi cintura y las chispas saltan en el espacio vacío que hay entre nosotros. Mis ojos están fijos en un botón de su guayabera blanca. Miro hacia arriba y veo una gota de sudor correr por su cuello. Tengo un repentino deseo de lamerla, pero en cambio me alejo como si tan solo ese pensamiento fuera peligroso.

Su brazo me agarra fuerte alrededor de mi espalda, y cuando la música se detiene nos separamos rápidamente, ambos sintiéndonos repentinamente incómodos. Sus ojos, suaves y ardientes al mismo tiempo, miran directamente a los míos; sé que siente la misma electricidad que yo.

Mamá y papá se van de la fiesta alrededor de las diez; han estado sentados en otra mesa con la familia Candelario. Puedo quedarme una hora más. Después de que el resto de los padres se van, nuestro grupo se reorganiza para que los novios puedan sentarse juntos sin que los chaperones intervengan. En el próximo baile, apoyo mi cabeza en el hombro de Luis. El pulso en su cuello late rápido y su barbilla presiona mi pelo. Él mantiene sus caderas ligeramente alejadas para no tocarnos, pero no puedo evitar sentir su erección de vez en cuando. La mayoría de los muchachos dominicanos con los que bailo suelen tenerla cuando la música es lenta. En Miches, las erecciones son como la piel de gallina o las espinillas, vienen y se van, es simplemente la consecuencia natural de cuerpos que están muy pegados. Luis me acerca más y yo tiemblo. No quiero estar en ningún otro lugar, pero alguien mira un reloj y anuncia que es casi medianoche. Como un grupo de peces asustados, nuestro grupo se levanta al unísono y sale a la calle.

Con Luis caminando a mi lado, estoy flotando a unos centímetros por encima del suelo. No nos tomamos de la mano. Nadie lo hace; eso va en contra de las reglas. Sin embargo, quienquiera que haya inventado las reglas no incluyó el baile como un acto prohibido. Lo cual no tiene ningún sentido, pero ese es Miches. El grupo de escoltas se detiene a unos metros de Casalata.

"Te llevaré el resto del camino", me susurra Luis, y nos alejamos del tintineo de las risas y nos adentramos en las sombras. Un cuarto de luna y un universo de estrellas pinchan la oscuridad. Luis pone su brazo alrededor de mi hombro y, de repente, tengo miedo de lo tarde que es, y de que tal vez papá todavía esté despierto, bravo conmigo por llegar tarde. Me preocupa que vea a Luis, solo a él, solo, sin el resto del grupo, así que retrocedo y entro en terreno seguro, el patio.

"Gracias", le susurro, "no puedo quedarme".

Luis se inclina sobre la puerta y toma mi mano por un momento; sus palmas se sienten eléctricas, calientes. "Buenas noches. Que duermas bien", dice con su voz espesa como la crema. Dice que volverá a la ciudad el próximo domingo para un picnic en Playa Arriba ¿Iré yo? Digo que sí y corro hacia la casa, aliviada de escuchar los ronquidos de papá. La semana siguiente, uno de mis amigos me entrega un pequeño sobre de parte de Luis. "Debe ser una carta de amor". Hace ruidos como imitando besos, y yo agarro la nota y la guardo en un bolsillo.

"Estás comportándote como un tonto", le digo, pero tengo la cara roja. Más tarde, salgo corriendo a nuestro muelle y abro el sobre. Me extraña y está loco por verme. La leo al menos una docena de veces, luego la rompo, y arrojo los pedazos a la bahía. Como si fuera confeti, los pedacitos de papel blanco se arremolinan en las olas, y un pez pequeño salta entre los pedazos, pensando que es comida. De repente, el desvencijado muelle se balancea, y mamá y papá llegan con bebidas para ver el atardecer. Les señalo una espectacular tormenta iluminada de color púrpura y dorado en dirección a la puesta de sol; pero no tengo de qué preocuparme, a estas alturas la bahía se ha tragado la evidencia de mi carta prohibida.

En la mañana del picnic, una docena de personas están esparcidas por la orilla, jugando o haciendo una hoguera. Luis se ha subido a uno de los cocoteros que bordean la playa y está tumbando cocos verdes con un machete para tomar su agua. Él agarra con las rodillas el palmar, que se balancea, y yo también siento mis rodillas débiles. Él enfunda su machete antes de saltar sobre la arena blanda. "Te estaba esperando". Su pecho es suave y firme, y su pelo oscuro desaparece en la cintura de sus shorts. Trago saliva, tomo un coco y lo llevo a la hoguera donde burbujea un sancocho de pollo.

El sol cae y la mayoría de las personas que hacen picnic se sientan a la sombra de los almendros o chapotean en la bahía, esperando a que la comida esté lista. Me sumo a los otros bañistas, luego me escapo para nadar sola en las aguas profundas más frías. Luis corre detrás de mí. Sus piernas rodean las mías, abrazándome con fuerza mientras nos balanceamos en la luz brillante. Cuando pienso que podría ahogarme con esta nueva sensación, nos separamos y nos lanzamos a la orilla, juntándonos de nuevo con el resto del grupo. Finjo que estabamos haciendo una pequeña carrera para ver quién podía nadar más lejos sin cansarse. En la playa, Luis y yo no podemos tocarnos, pero aún así algo casi insoportable vibra entre nosotros. Uno de mis amigos me pregunta si tengo frío por el agua, ya que estoy temblando. Le digo que sí. Todos nos zambullimos en nuestros cuencos de sancocho y yo me las arreglo para dejar de temblar. Al final del día, todos recogemos nuestras pertenencias para caminar de regreso a casa. Mamá y papá vuelven de nuestro muelle cuando entro a la casa.

"¿Cómo estuvo la playa?"

"Bien", les respondo, y les cuento todo sobre el delicioso sancocho, y que les he traído un pedazo de dulce. Estoy roja por las quemaduras de sol, y un extraño calor que hierve a fuego lento justo debajo de la superficie. Más tarde, cuando ellos están en el porche con sus bebidas, escucho mi nombre en su conversación. No saben que puedo oírlos desde el cuarto de al lado.

"Ella esta bien". La voz de mamá es aguda, impaciente. "Bueno, no lo sé", dice papá con voz seria.

"Nunca ha parecido interesarse por los chicos, y se ha ido a Florida por todo un año. Ella está creciendo, pero estoy empezando a preguntarme si tal vez, ella, ya sabes..."

"Oh Dios".

Mamá parece obstinada, como si ya hubieran tenido esta conversación antes. ¿Qué?, me pregunto, ¿Soy qué? Y luego me doy cuenta. Papá cree que me gustan las muchachas porque no hablo de chicos. Él piensa que soy como Mary, la de la escuela, con el pelo corto y camisas que parecen salidas de la sección de varones de Sears. Me voy a mi cuarto. Me rindo. No importa lo que haga o deje de hacer, algo va a estar mal conmigo.

Esa noche sueño que salgo a escondidas con mi bicicleta y me encuentro con Luis debajo del muelle. Tengo la sensación de que se me hinchan los labios mientras muerdo la punta de su lengua con mis dientes. Luego el miedo se derrama como una tormenta inesperada y la voz de papá retumba en mi cabeza hasta que lo único que puedo escuchar son los gritos de "Puta, puta, hiciste tu propia cama, maldita sea, y tendrás que acostarte en ella", tal como papá le gritó a Berta. No puedo callarlo, así que me alejo de Luis y camino a casa, pedaleando cada vez más rápido, y luego me enredo entre el sueño y el insomnio y despierto con una sacudida. Estoy sorprendida; nada de esto ha sucedido y estoy sola en mi cama, sudando y enredada en las sábanas. Me acuesto como una momia en mi capullo hasta que los latidos de mi corazón se hacen más lentos y todo lo que queda es un dolor sombrío.

Luis se va del pueblo para reunirse con sus profesores en caso de que la universidad en la capital vuelva a cerrar. Prometemos vernos el año que viene. Me da una pequeña foto en blanco y negro de él mismo mirando directamente a la cámara. Yo la envuelvo en un pliegue de papel y la escondo en mi maleta. A medida que pasan las semanas, mi miedo a papá se mantiene a fuego lento la mayor parte del tiempo; no es el hervor febril que solía ser, del tipo que burbujeaba hasta que me reducía a nada y me volvía negra y ahumada como si fuera tizne. Entonces me enfermaría de gripe, o empezarían los dolores de muelas, y me permitirían quedarme en la cama hasta que descansara lo suficiente como para volver a llenar la olla con otro poco de ansiedad. Ahora, en las malas noches, sigo siendo una prisionera aquí, pero puedo escapar a mis pensamientos mientras papá se queja sobre el maldito esto o aquello. Finjo prestar atención, pero dentro de mi cabeza abro el pestillo de la maleta y me deslizo en mis nuevos recuerdos como en una armadura. Cuando hago eso, Casalata, mamá y papá vuelven a encogerse de tamaño.

Una carta de Beth llega en agosto. El olor a colonia *Jean Naté* todavía se siente en el sobre a pesar de llevar un mes en tránsito. Ella siempre le rocía perfume a las cartas que le envía a Charlie, "Así pensará en mí", decía. Leo feliz las dos páginas de noticias y chismes, mucho sobre Charlie, pero ni una palabra sobre Steve. Supongo que eso significa que está saliendo con otra persona.

Siento una punzada de tristeza cuando leo que los padres de Beth han decidido no enviarla de regreso a Howey para su segundo año. El dinero que ahorren se destinará a su matrícula de la universidad. Ella me extrañará; nunca me olvidará; seremos amigas para siempre. Debo ir a su casa a visitarla, ¿de acuerdo?

Antes de irme de Miches, recuerdo el cuadro clavado en la parte trasera del armario en el taller de papá, el retrato de Berta y mío que fue pintado en España cuando ella tenía seis años y yo dos. Le pregunto a papá si me lo puedo llevar a Florida.

"Claro", dice, "tómalo".

Suena sorprendido, como si hubiera olvidado que todavía está allí. Él ya no pasa mucho tiempo en el taller. Hace mucho que dejó de hacer joyas y ya ha hecho todo lo que necesitaba construir. Ahora usa la mesa de trabajo solo para arreglar cosas que se rompen o se desgastan por el uso. El garaje todavía huele a copra, pero a eso se le suma el olor a óxido y descomposición, a envejecimiento y abandono. La puerta del armario se abre con un chirrido. El retrato está cubierto de una capa de telarañas y polvo. Papá saca las tachuelas oxidadas de las esquinas y lo enrolla en un cilindro.

"¿Sabes?, no es un buen cuadro", dice, y me lo entrega.

"Está bien", digo.

Le quito un poco de la suciedad y de pronto los ojos azules de Berta me miran fijamente, su corto pelo rubio está recogido hacia atrás con dos moños. Siento que las lágrimas brotan mientras lo guardo con cuidado en mi maleta. Solo espero que los agujeros corroídos de las tachuelas, que me recuerdan a los pinchazos en las pinturas de Jesús en la cruz, se puedan ocultar cuando lo limpie y lo estire en un nuevo marco. Quizás mamá y papá no quieran recordar, pero quiero saber que hubo un tiempo antes de que la inocencia colapsara, cuando usábamos moños brillantes en nuestro cabello y un artista nos pintó.

Mi salida de la isla se retrasa por otro huracán. La bahía es una vez más un frenesí de olas y el viento lija mi piel. En la última gran tormenta, poco después de la desaparición de Berta, quería que las olas me tragaran, pero ahora fantaseo con que Luis está aquí justo a tiempo, alejándome del peligro y tomándome en sus brazos protectores. Creo que las tormentas y el amor deberían ser lo mismo; perturban todo, cambian paisajes de la noche a la mañana, abren y rompen corazones. Todavía no sé nada acerca de la otra tormenta que aguarda a la vista para volver nuestras vidas al revés y reorganizarlas en formas completamente diferentes.

CAPÍTULO VEINTIDOS

BOMBAS

En una fresca mañana de octubre, estoy con el resto de la clase de 11avo grado tomando los exámenes PSAT cuando se abre la puerta y un maestro se acerca de puntillas a la mujer que administra los exámenes. Todos miramos hacia arriba a la vez, contentos de interrumpir la tarea que tenemos delante. El profesor asiente y viene a mi escritorio. Debo ir a la oficina del Mr. McFarland, sí, ahora, ella se encargará de que pueda tomar el examen más tarde.

Tengo visita. Estoy perpleja. ¿Quién me visitaría? Cuando entro en su oficina, veo a dos desconocidos, una pareja mayor, sentados en el sofá como si estuvieran en alerta. Un niño pequeño de unos tres años se acurruca entre ellos.

El Sr. McFarland toma mi brazo y hace un gesto hacia los tres. "Estos son los suegros de tu hermana... y este, bueno..." Hace una pausa. "Este es tu sobrino".

Trato de digerir las palabras, pero su voz de repente viene de algún lugar lejano, y solo puedo distinguir sonidos débiles mientras las bocas se abren y se cierran. La forma de Mr. McFarland de agarrarme se vuelve más fuerte. No puedo moverme. Entonces, un quejido de angustia sale de algún lugar profundo de mi estómago, y tropiezo antes de que él me haga sentar en una silla. Observo cómo, desde una gran distancia, el niño de pelo rubio toma una servilleta de una caja que está sobre la mesa y se acerca a mí. "No llores". Sus dedos pequeños y rechonchos me confían el cuadrado blanco de papel en mi mano temblorosa. En sus ojos azul claro veo a Berta, mirándome, viva y curiosa.

Las dos personas mayores están tiesas como rocas, como si se dieran cuenta de que ha sido un error venir aquí. Trato de contener las lágrimas, extiendo la mano y toco su pelo suave. "Siento estar llorando. Es sólo que me alegro de conocerte, de verdad". Hago un gesto con mi barbilla en dirección a las estatuas que están en el sofá para incluirlas también. Respiro entrecortado. "¿Cuál es tu nombre?", y él me dice, "Mitch". Como si yo no supiera su nombre, como si no me hubiera imaginado cargándolo desde aquella vez que su padre lo encontró en la cuna, solo, sin su madre, sin ella. Como si no lo hubiera buscado en cada bebé, luego en cada niño pequeño con el que me he cruzado en cualquier lugar de Florida, incluso aquí. Como si no hubiera gritado en silencio, *¿Eres tú? ¿Eres?*, y sus madres no me sorprendieran mirando y se dieran la vuelta, incómodas con esta muchacha que solo miraba a los preciados ojos de su hijo. No pueden saber que estoy buscando, siempre buscando, estos mismos ojos azules.

No tengo idea de cómo los padres de Scott supieron que podían encontrarme aquí, o por qué vinieron. La mujer se aclara la garganta. Ella explica que hace mucho tiempo Berta les había dado la dirección de los Breeden. Por ellos se habían enterado de yo estaba en esta escuela. "Yo... nosotros... pensamos que te gustaría, ya sabes, ver a Mitch. Vive con nosotros ahora, desde que... bueno, es un ángel, un buen niño".

Mitch me deja sentarlo en mi regazo. Su espalda acomodada contra mí con su olor a niño pequeño, a jabón y papas fritas. Voltea su cara hacia la mía.

"¿Quién... tú?"

"Tu tía".

Toco con mis dedos toda su cara, memorizando sus mejillas y orejas como si fuera ciega. Por favor, no me preguntes qué es una tía, ruego. No lo hace. Me deja explorarlo como si fuera un mundo desconocido y, cuando se cansa, se baja de la silla. Lo dejo ir y su atención se centra de nuevo en su abuela.

"Tengo hambre".

Se van luego de escribir su dirección en un papel y decir que me escribirán si así lo deseo. No sé, digo. No sé. Me las arreglo para contener las lágrimas mientras abrazo a Mitch, y le ofrezco una gran sonrisa de despedida para que pueda ver que su tía está feliz. Ellos se despiden y el auto desaparece más allá de los pinos con su velo de musgo español. Mr. McFarland me dice que me componga, y de pronto aparece una taza de té. Él hace algunas llamadas telefónicas, a la oficina, para avisarles que no iré a clase por el resto del día. Me siento en la silla, mirando un punto que no puedo ubicar, donde Berta aparece y desaparece como el gato de Cheshire, pero sin su sonrisa, solo sus ojos azules, que aparecen y desaparecen. El cielo se oscurece y afuera se escucha el susurro de una lluvia húmeda.

El día siguiente es sábado, así que puedo esconder mi cara hinchada en la habitación todo el día. Pierdo mi voz durante tres días. No le escribo a los padres de Scott. En cambio, tiro su dirección a la basura. Cuando llega una carta de mamá, pienso que debo escribirle sobre Mitch, pero luego empiezo a temblar y de alguna manera sé que este es un secreto que debo guardar. En lugar de eso, respondo a sus novedades: el huracán Flora los golpeó duro, y mató a más de siete mil personas en el Caribe. Cocoloco no perdió muchos árboles, pero los ríos estuvieron intransitables durante semanas. Ella escribe que las cosas están complicadas de nuevo en la capital; no tiene que explicarme lo que eso significa. Solo escribo que me alegro de que estén a salvo. No se me ocurre nada más que decir.

Un frío viernes de noviembre, alguien grita que le han disparado al presidente Kennedy. Todas las clases se detienen. Los estudiantes se sientan en *shock* frente a los televisores en la sala de recreo y miran cómo la televisión reproduce una y otra vez, en blanco y negro, la escena de la caravana. No parece real. Veo a Mrs. Hitchens sollozando en su habitación, y mi profesora de español no deja de soplarse la nariz. A partir de esa semana, ya no hay más certeza sobre nada ni en ningún lugar. Siento que estoy en un mal sueño en el que lucho por mantenerme a flote en una balsa en medio de un mar en tormenta. No hay ataduras a la orilla, ni manos fuertes que me lleven a un lugar seguro. Incluso Mr. McFarland se derrumba en la misa especial del domingo, su mandíbula tiembla y su voz se desvanece.

En medio de este momento extraño, el estudio de arte de Mr. Geddes es un lugar seguro, así que ahora, todos los días después de clase, los estudiantes de arte se reúnen. Aquí encuentro una comunidad con otros que buscan refugio; no somos los capitanes de los equipos de baloncesto ni los líderes del equipo de porristas. Somos los solitarios, los tímidos, o los que sacamos buenas notas. Pero en este santuario, el olor embriagador de los aceites y la trementina borra algunas de nuestras ansiedades o miedos. Aquí puedo dejar de pensar en el asesinato de Kennedy, sobre Berta, sobre el niño pequeño rubio y sobre los continuos disturbios en el país después del asesinato de Trujillo.

Me hago amiga de Pam, otra artista. Escuchamos una y otra vez sus discos de los Beatles mientras dibujo retratos de los cantantes. Pam dice que está enamorada de John Lennon, así que hago una representación de John con tizas de colores, ella lo compra y lo pega en la pared de su dormitorio. Es mi primera venta de arte.

En el aula de Mr. Geddes me dejo llevar durante horas, pintando furiosamente y llenando lienzo tras lienzo. Sin saber por qué, empiezo a pintar mujeres en poses provocadoras, con el escote al descubierto y ojos desafiantes que miran fijamente desde el lienzo. Tienen el pelo largo y los pechos grandes; son todo lo que yo no soy. Emergen de los amplios brochazos del pincel, y de ahí saltan a la vida: hambrientas, mirando fijamente.

Semana tras semana, sigo sumando colores a mi paleta: ocre oscuro, ocre amarillo, ultramarino, carmesí de alizarina, gris de Payne. Mi técnica pictórica es rara al principio y las proporciones están mal, pero algo sucede y los lienzos cobran vida. Cuando el Club de Arte tiene su venta anual, vendo más cuadros que nadie. Los compradores son todos hombres.

Al final de la venta, Mr. Geddes me entrega un cheque y hay un brillo en sus ojos. Bien podría ser un millón de dólares. Solo sé una cosa, finalmente, sobre mí misma: Soy una artista. Comienzo a pintar autorretratos y no se parecen en nada a mis otras piezas. En estos, solo soy visible a medias, detrás de una pared o con la cara parcialmente virada, como solía dibujar en Miches.

Mr. Geddes dice que soy lo suficientemente buena como para obtener una beca si quiero estudiar en Francia después de la escuela secundaria. Dice que siga pintando y que exploraremos esto más a fondo en mi último año. Le escribo a mis padres contándoles de esta buena noticia. Ellos responden que no me haga ideas tontas. Las cosas están inestables, de todos modos, no pueden permitirse algo así y, además, han mostrado algunos de los paisajes que pinté allá en Miches a amigos que saben de arte y, en realidad, no tengo tanto talento. "Asegúrate de tomar las clases de mecanografía y taquigrafía", termina la carta.

No veo a Luis el verano después de mi tercer año; no viene a Miches y nadie sabe por qué. De regreso a la escuela, empiezo a recibir cartas de él con una dirección de remitente de Puerto Rico. "Mi querida", escribe. Explica que tuvo que quedarse con familiares todo el verano escapando de ser un objetivo del gobierno dominicano.

"No menciones nada de lo que te voy a decir, podría ser peligroso para los dos". Mi garganta se cierra. Me escribe que los revolucionarios comunistas están planeando derrocar al gobierno dominicano, y que los estudiantes universitarios están siendo arrestados por incitar disturbios. Dice que un estudiante fue asesinado a tiros por la policía militar. Él se mantendrá alejado del país por ahora. Termina diciendo lo contento que está de que esté a salvo en Florida, y que me extraña cada día más.

Una carta de mamá llega un mes después. Es obvio que el sobre ha sido abierto y lo han vuelto a sellar con una cinta adhesiva sucia. Recuerdo que Luis escribió que ahora el gobierno dominicano está abriendo todas las cartas que se envían a Estados Unidos. Es solo una página. Han terminado la limpieza después de las tormentas, y los trabajadores han reemplazado algunos árboles dañados con nuevas posturas. El motor fuera de borda está fallando, y papá está tratando de arreglarlo, pero hasta ahora no ha tenido suerte. Ella espera que mis estudios vayan bien, y quiere que escriba sobre mi nueva compañera de cuarto. "Cuídate, cariño", termina la carta.

Queridos mamá y papá, recibí su carta ayer. Soy vicepresidenta de la Colonia de Artistas este año y sigo en la Sociedad Nacional de Honores. Me preguntaste por mi nueva compañera de cuarto. Denise es de Melbourne, eso es en Florida, no Australia, ja, ja. Conocí a sus padres el mes pasado. Su padre es ingeniero en el Centro Espacial Kennedy. Está trabajando en este enorme edificio llamado VAB donde ensamblarán los nuevos cohetes. Ella dice que será tan alto que tendrá su propio clima adentro. ¿Puedes creerlo? También dijo que Cape Kennedy está plagado de cocodrilos, y que su padre tuvo que ahuyentar a uno de debajo de su auto el verano pasado. En fin, Denise y yo nos llevamos bien. Ella es un poco malhumorada, pero estoy segura de que a medida que haga más amigos, se animará. Bueno, acaba de sonar el timbre de la cena y aquí está Denise, así que terminaré esto más tarde.

Denise Henry siempre está aquí. Es bajita, con un cabello negro fino y ojos verde pálido. No les cuento a mamá y papá cómo se pega a mí como si yo fuera el único bote salvavidas en su mar en tormenta. Anoche lloró y dijo que le cuesta hacer amigos, y que todo se debe a que es adoptada. Ya me ha dicho dos veces que no encaja, ni siquiera en su propia familia. Lamento que se sienta miserable, pero estoy empezando a sentirme sofocada. Es difícil escapar de Denise: me espera antes de las comidas, y se sienta a mi lado en las clases que compartimos. Comienzo a pensar en formas de evitarla sin que se dé cuenta. Una noche tengo una pesadilla sobre algo que sucedió en Miches hace mucho tiempo, cuando estaba jugando en el mar con una amiga. Ella se asustó cuando una gran ola nos sorprendió y se agarró de mi cuello porque no sabía nadar. Me resbalé de una roca y mi amiga no me soltaba, casi me ahogo. En el sueño es Denise la que me está asfixiando bajo el agua, y me despierto balbuceando, con el corazón acelerado.

En diciembre, pongo mi nombre en la lista de estudiantes que necesitan alojamiento durante las vacaciones de Navidad. Denise descubre que no iré a Miches por Navidad y aplaude de la emoción.

"Oh, qué bien, puedes venir a casa conmigo, ¡será maravilloso!"

Sin una buena razón para no aceptar su oferta, me consuelo pensando que no estará tan mal. Estaré con toda su familia. Mr. Henry nos recoge en una camioneta y, tres horas más tarde, el océano Atlántico está ante nosotros—es de un gris metálico bajo el sol aguachento. Mr. Henry señala al norte de Cabo Kennedy y dice que justo allí es el centro del mundo. "Aquí es donde enviaremos a los hombres a la luna".

En Miches, cuando era más pequeña, sabíamos que se lanzaban misiles al espacio desde algún lugar de Florida. Debido a que la República Dominicana estaba en su trayectoria, a veces veíamos espectaculares rayas volar de noche a través del cielo, demasiado grandes como para ser estrellas fugaces. Una vez, papá y yo vimos un gran destello explotar en el horizonte.

Mientras miro el Cabo, ahora tan cerca, pienso en el discurso del presidente Kennedy sobre enviar a un hombre a la luna antes de que termine esta década. Nunca lo había creído, pero parece que podría suceder. Recuerdo el comentario de papá de que pronto no habrá suficiente espacio en la Tierra, así que tendremos que vivir en la luna. Dijo eso cuando la esposa de uno de sus trabajadores murió dando a luz a su octavo hijo.

En Cocoa Beach giramos hacia el sur y pasamos por bares y restaurantes con temas espaciales: The Orbit Lounge, Rocket Red's, Comet Café. Los Henry viven en una gran subdivisión llena de casas idénticas a unas pocas cuadras de la playa. Ellos insisten en que los llame por sus nombres, Ron y June. Denise dice que su padre tiene una autorización ultrasecreta en el trabajo. June es rubia y bella como las que salen en las revistas. Ella usa un tinte de cabello marca *Clairol*, dice Denise, virando los ojos. Supongo que no lo aprueba. La hermana menor de Denise, Patricia, tiene muchos amigos que entran y salen de su habitación.

Observo con una sensación de tristeza que Denise no parece tener amigos, excepto su novio Tom y yo. Tom es fornido y lleva un corte de cabello estilo militar. No puedo ver lo que Denise encuentra de atractivo en él, excepto que le presta atención. Él es técnico en computación y también trabaja en el Cabo. "Solo espera", dice ella. "Nos comprometeremos el próximo año, ya verás".

Ron y June no parecen notar los cambios de humor de Denise, o tal vez ya están acostumbrados. Me alegro cuando volvemos a la escuela y puedo encontrar formas de escapar de ella. En marzo, Luis escribe que la soga está apretando en Santo Domingo. No estoy segura de lo que quiere decir con eso, pero suena siniestro. Termina advirtiéndome que esta puede ser la última carta que me envíe, pero quedan solo tres meses para el verano, así que nos estaremos viendo pronto en Miches.

Para abril, todos los periódicos de Florida están llenos de noticias sobre República Dominicana porque una nueva junta militar ha tomado el poder. Los informes de noticias estadounidenses cambian diariamente, y con las turbas, las hueglas y las bombas, el número de muertos sigue aumentando. Aviones de guerra dominicanos ametrallaron el palacio de gobierno y cortaron la electricidad en Santo Domingo. Finjo que nada de esto tiene que ver con Miches. Mis amigos se quedarán en el pueblo hasta que pase esta tormenta. Me digo que estoy segura de que Luis está a salvo. Mamá y papá saben que no deben ir a la capital, así que ellos también estarán bien. Pero no logro quitarme las náuseas; dormir trae las pesadillas, y me despierto con un gran peso debajo de mis costillas que no parece desaparecer nunca.

El temor empeora después de escuchar que el presidente Johnson ordenó la evacuación de todos los estadounidenses de la República Dominicana. Estoy pegada a las noticias de la televisión todas las noches. Cientos de infantes de marina aterrizan en la isla y se desplegarán miles de tropas militares más en los próximos días. Las noticias muestran grupos de jóvenes con uniformes y cascos saliendo de aviones y barcos. Es como ver una película de guerra, pero con un telón de fondo familiar, el de la costa dominicana. Las palmas se mecen con la brisa, como siempre. Niños pequeños con pantalones harapientos rodean a los soldados, como lo hacen con cualquier extranjero, con las manos extendidas para recibir *cheles* o dulces.

En las semanas que siguen, sigo aturdida. En clase veo que los labios de la maestra se mueven, pero solo retengo unas pocas palabras en mi cerebro. En la fila de la cafetería, alguien me empuja para avanzar. No sabía que me había detenido, solo estaba mirando la gelatina en la bandeja de metal. Es más fácil no creer lo que estoy viendo y leyendo. Me digo a mí misma que para junio todo esto pasará como un huracán y, como de costumbre, me iré a casa, esta vez para siempre.

La llamada de Norma Breeden llega un martes, justo después de una clase de historia. Me llaman a la oficina, donde contesto el teléfono. La voz de Norma es casi histérica. Está llamando desde Miami. Quiere saber si mis padres han sido evacuados de manera segura. Ella no se detiene para respirar o para escuchar mi respuesta.

"Salimos justo a tiempo. Es horrible, realmente horrible. Tuvimos que dejarlo todo". Ella empieza a llorar y, luego, Ed se pone al teléfono. Le digo que no he sabido nada, ni siquiera una carta, desde finales de marzo.

El teléfono se queda en silencio por un minuto, y digo "¿Hola, hola?", pensando que es posible que se haya cortado y no sé cómo volver a contactarlos. Mi propia voz se eleva hasta convertirse en un quejido sin aliento. "¿Estás ahí?" Estoy mareada, temo que se me caiga el teléfono.

"Estamos aquí". El tono de Ed es tranquilo; me recuerda a la voz de Walter Cronkite cuando sale en las noticias de la televisión, ronca pero sincera.

"Estoy seguro de que sabrás algo pronto. Llámanos cuando sepas dónde aterrizaron". Mis dedos tiemblan mientras anoto su número de teléfono.

En la oscuridad del aislado dormitorio, después de apagar las luces, me rasguño la piel hasta que sangra, como si herirme fuera a detener el pánico. No lo hace.

Al final de la semana, el presidente Johnson ordena enviar a miles de infantes de marina más a la República Dominicana. Se establece una zona de refugiados en Santo Domingo para todas las embajadas. Desde allí, barcos y aviones llevarán a los extranjeros a un lugar seguro. Así es como salieron los Breeden. La escuela me pone en contacto con la embajada dominicana en Miami. Les doy los nombres de mis padres y un oficial promete preguntar si ellos han llegado a la zona segura. Dice que volverá a ponerse en contacto conmigo pronto. El Sr. McFarland también me ayuda a llamar a diferentes funcionarios estadounidenses, pero nadie puede decirme nada más o qué hacer.

En la isla, los enfrentamientos continúan hasta mayo. No tengo noticias de nadie acerca de mis padres. La comunicación telefónica con República Dominicana ahora está cortada por completo. A excepción de unos pocos estudiantes, expatriados como yo, nadie más parece estar al tanto de la situación. Me reúno con el decano y me pregunta si hay alguien con quien me pueda quedar en los Estados Unidos si las cosas, como él dice, se "complican" para mi regreso a casa. Digo que no. Ahora ya hay más de mil muertos en el país. La guerra se está extendiendo mucho más allá de la ciudad, y los guerrilleros ahora se están organizando en las montañas del norte. Eso se está acercando mucho a Miches.

Día de graduación.

CAPÍTULO VEINTITRÉS

GRADUACIÓN

La graduación se avecina y aun no he tenido noticias de ningún funcionario estadounidense.

Norma y Ed Breeden dejan de llamar. Como ya no puedo fingir que pronto todo estará bien, me sumerjo en un estado de *shock* y letargo. Afuera todo es frágil y brillante, pero por dentro siento que estoy mirando a través de un sudario, de esos que usan las dominicanas cuando están de luto, velos que guardan su dolor. Trato de ocultar la preocupación que emana por la noche, porque si dejo que se salga con la suya, se convierte en pánico y empiezo a sudar; es todo lo que puedo hacer para evitar explotar. Cuando estoy sudada y temblando de pánico, a veces pienso que quisiera estar muerta porque duele mucho estar viva. Así que me aprieto fuerte y trato de sacar todos los malos pensamientos para poder respirar de nuevo. Solo entonces puedo fingir que estoy bien.

La escuela cierra en dos semanas por el verano, y nadie sabe qué hacer conmigo. Yo tampoco sé. Denise tiene la solución a mi problema: su familia estará encantada de que me vaya a vivir con ellos una temporada. Más aturdida que agradecida, acepto. No parece que tenga ningún control sobre mi destino y, además, Denise lo tiene todo resuelto. Conseguiremos trabajos de verano juntas. Me trago mi miedo y trato de sonar agradecida. "Eso no será necesario, le digo a ella. Pronto tendré noticias de mi familia. Antes de la graduación. Justo a tiempo. Verás".

Mi tía Betty vuela desde Nueva York para asistir a mi graduación. Es la hermana mayor de mamá y solo la he visto una vez en quince años, aquella vez que hicimos un viaje a Estados Unidos cuando yo tenía doce años. Subo al podio bajo la brillante luz del sol y acepto mi diploma. Me estoy graduando con *magna cum laude*, soy la cuarta en mi clase. El director me sonríe mientras me entrega el pergamino. "Tu familia estará muy orgullosa", dice. Trato de sonreír, pero apenas puedo verlo a través de una nube de lágrimas. Busco a tientas mi camino hacia la tía Betty; ella me abraza fuerte. Papá y mamá estarían orgullosos de verdad. Berta también, ¿no?

La boca de la tía Betty se mueve, pero no puedo escucharla en el caos de birretes voladores, globos y júbilo generalizado. Nuestros pasos crujen en la gravilla fuera de la escuela, donde una procesión de taxis y autos espera, listos para llevar a sus pasajeros a los aeropuertos, autobuses... a casa. Gritos de alivio y alegría marcan el aire inmóvil cuando los estudiantes salen de los edificios por última vez, abrazando a sus compañeros y prometiendo una y otra vez que se escribirán. Un internado es como una isla: todos salimos a tierra desde algún lugar y estuvimos varados juntos durante años. Ahora es momento de irse.

Acompaño a mi tía al taxi que espera. Su cabello, como el de mamá, es de un blanco plateado. La voz de la tía Betty es baja y dulce cuando dice que se mantendrá en contacto. Me duele el estómago y siento que estoy en arenas movedizas. Quiero gritar mis miedos de quedarme sola, de no saber qué hacer excepto quedarme en el vagón de espera de los Henry con Denise. Quiero que la tía Betty diga: *Espera, he cambiado de opinión, ven conmigo a Port Washington. Sue se alegrará mucho de verte.* Sue es mi prima, otra casi desconocida con la que intercambio tarjetas de Navidad todos los años. Pero sé que la tía Betty no puede acogerme por mucho que lo desee.

El sol brilla al rojo vivo en el taxi, me recompongo, me seco las lágrimas y simulo una sonrisa. La tía Betty susurra "sé valiente" y me da palmaditas en la espalda. "Estarás bien. Los Henry parecen personas muy agradables, y es muy bueno que estés con tu compañera de cuarto. Tienes bastante suerte".

Durante un minuto, más o menos, me quedo paralizada en el lugar. El taxi se va. Otros autos se deslizan a mi alrededor, compitiendo por el espacio. Los baúles se abren de golpe, y las puertas de los autos se cierran. Chillidos, saludos y despedidas se mezclan con el olor a mófler y los remolinos de polvo. Poniendo un pie con cuidado delante del otro, atravieso lentamente lo que ahora parece ser una distancia muy larga de regreso a la puerta principal de la escuela.

"¡Ahí estás!" Denise se acerca a mí.

"Papá está poniendo mis cosas en el auto", anuncia. "¿Cuán pronto puedes terminar de empacar?"

Me tranquilizo y digo que la veré abajo en media hora. Entro en el fresco olor a madera vieja del interior. Subo las escaleras lentamente, agarrándome de la baranda, y me dejo caer en mi cama. La habitación está vacía, a excepción de mi maleta, casi llena. El aire está viciado con el olor a barniz descolorido y el matiz peculiar del silencio. Reviso todos los cajones y encuentro una pequeña caja con algunas cartas, algunos dibujos y un cartón doblado que protege mi tesoro: la foto de Luis.

Susurro su nombre, mi voz se ahoga, luego entierro la cabeza en la almohada. *Te veré pronto*, le prometo a la imagen pequeña. No tomará mucho tiempo. Esta tormenta en Santo Domingo pasará, como siempre han pasado las otras. Cierro los ojos e imagino a mamá y papá sentados en el porche ahora mismo. Solo sé que están bien; no dejarían Miches.

El capellán McFarland ha prometido revisar si hay correo de casa.

"Mi padre es terco", le digo. "Se pondrán en contacto conmigo pronto y me iré a casa".

"¿Qué harás entonces?", pregunta.

"No lo sé", respondo sorprendida por la pregunta. "Lo que sea que ellos decidan, supongo".

Me mira raro.

"Acabas de graduarte del preuniversitario. Debes tener alguna idea de lo que te gustaría hacer después".

¿Qué me gustaría hacer? Esa idea nunca se me había ocurrido, simplemente rebota en mi mente como una piedra lanzada contra una pared de piedra. Yo nunca decido nada; no lo tengo permitido. Puedo escribir a máquina y tomar taquigrafía. Tal vez pueda ser mecanógrafa en una empresa estadounidense o en la embajada, o algo así en la capital. Antes de todo esto, pensaba que tal vez los Breeden me alquilarían su habitación de invitados en Santo Domingo, pero se han ido, así que eso ya no sucederá. Me obligaré a componerme. Es hora de hacer creer que todo está bien.

En Melbourne, acepto trabajos de niñera y espero noticias de casa. Cada semana llamo a la escuela y a varios funcionarios del gobierno. También llamo a los Breeden.

"Oh, cariño", dice Norma con un gemido, "no importa lo que pase, no volveremos. Ed cree que pasarán años antes de que las empresas estadounidenses vuelvan a ser bienvenidas allá".

Dejo de llamarla—no es de mucha ayuda a mi estado de ánimo. No tengo dinero y los Henry me han mantenido durante dos meses. Les doy el dinero que gano como niñera y June lo vuelve a poner en mi mano, negando con la cabeza, "No, no, no te preocupes por eso".

Todavía estoy esperando. Denise y yo manejamos hasta Brevard Junior College para que pueda registrarse. Cuando volvemos a Melbourne, June sale corriendo. "Llamaron de la escuela, tienen noticias de tus padres. Están bien". Por supuesto que lo están. El alivio me atraviesa como un relámpago llenando mis espacios vacíos.

Marco el número de Howey. Mi mente se acelera; y ya hasta creo que mis maletas están medio hechas. Finalmente, Mr. McFarland está al teléfono con un mensaje de radioaficionado que enviaron mis padres. El mensaje es muy corto, dice que están bien y que una vez que sepan mi paradero, me contactarán directamente. Me siento ligera, casi como si estuviera flotando, cuando finalmente recibo una carta de mamá. Está aliviada de que esté con los Henry. *Por favor, hazles saber cuánto apreciamos que te acogieran*, escribe, y luego: *Te extrañamos mucho, pero me temo que no es seguro que regreses a casa ahora*.

Respiro profundo. Está bien, puedo esperar algunos meses. Eso no es problema.

La carta continúa: *Lamento decir esto, pero tendrás que quedarte en Estados Unidos y seguir tu propio camino*. El pánico se apodera de mi garganta mientras trato de digerir las palabras, de hacerlas bajar, pero suben como la bilis, verdes, feas. Releo la oración como si las palabras fueran a cambiar en la página, *puf*, como magia. En cambio, puedo ver a mamá secándose el sudor de la cara y encendiendo un cigarrillo para calmarse mientras me lanza al borde del acantilado. Como si supiera volar, como si alguien me hubiera enseñado alguna vez a batir mis alas y volar a la siguiente rama, a una nueva vida. El papel nada frente a mis ojos. Aparto el miedo y termino de leer.

Ojalá pudiéramos ayudar con dinero, pero no podemos, no ahora. Tal vez las cosas estén lo suficientemente estables como para que vuelvas a casa de visita para Navidad. Ya veremos.

Denise entra en la habitación. "Entonces, ¿cuándo te vas?" Es casi como una acusación. Solo la miro, luego vuelvo a mirar el papel. Mi mundo se ha derrumbado de nuevo en esta habitación, en Denise. Ella estará feliz con la noticia, contenta de tenerme otra vez solo para ella. Me meto debajo de las sábanas en la tarde calurosa y pegajosa. No puedo llorar. Me escapo al sueño y me despierto con las manos de June comprobando si tengo fiebre. Le extiendo la nota.

Ella niega con la cabeza mientras lee, luego me dice que puedo quedarme hasta que me estabilice.

"Nos gusta tenerte aquí, y eres una muy buena compañía para Denise".

El cielo crepita con relámpagos y truenos mientras una gran tormenta tiñe el cielo de negro. Me escabullo fuera de la casa y dejo que el viento me lacere con la arena que ahora vuela. Me tropiezo por el camino a la playa y me quedo boca arriba mirando al cielo. Un relámpago que cae demasiado cerca me envía corriendo de regreso a la casa y de vuelta a la cama.

Me inscribo en Brevard Junior College y consigo un trabajo nocturno en el departamento de crédito de Sears. Comienzo a pagarle el alquiler a los Henry y puedo hacerme cargo de mis gastos escolares. Las cartas comienzan a fluir desde y hacia Miches. La mayoría de las tropas estadounidenses se han ido y la embajada ha vuelto a abrir. Parece que podré volver a casa de visita por dos semanas para Navidad.

Poco a poco, lentamente, los nudos en mi estómago comienzan a aflojarse. Me voy a casa. Para celebrar, separé un set de equipaje Sears a juego de color rojo. Papá pensará que es demasiado chillón, pero no me importa. De cierta manera, ya me han echado de la casa, entonces, ¿qué puede él hacer?

CAPÍTULO VEINTICUATRO

PESADILLA EN KING STREET

Denise y Tom están esperando para recogerme en el aeropuerto de Orlando después de mi visita navideña a Miches—mi primera vez en casa en un año y medio. Como sospechaba, papá le había hecho señas a los helicópteros militares estadounidenses que aterrizaron en Cocoloco para que se alejaran. Mamá me comentó que les dijo que se fueran al infierno. Cierro los ojos y puedo escuchar a papá de nuevo: "Maldita sea, sobrevivimos a los años de Trujillo, ¿y qué es un viejo campesino estadounidense para todos estos locos que quieren apoderarse del país? Déjenlos pelear. Me las arreglaré; siempre lo hago". Incluso ahora, de regreso en Florida, quiero gritarle a mamá, cuyo cabello ahora es completamente blanco, *¿Qué tal tú? ¿Cómo piensas o qué sientes? Mírate, estás medio muerta*. Pero, por supuesto, nunca le diría eso. Cuando estoy en Miches es como si me taparan la boca con un viejo candado, impidiéndome hablar.

"¿Adivina qué?" grita Denise, saltando arriba y abajo, y poniendo su mano izquierda en mi cara. Me obligo a regresar al presente. Estoy de nuevo en Florida, de vuelta a la vida con los Henry, con Denise. Saco mi equipaje del carrusel.

"¡Vamos, adivina!" No espera respuesta y hace una pequeña pirueta que casi tira mi maleta al suelo.

"¡Nos casamos en Navidad y ayer nos mudamos a Rockridge! ¡Acabamos de alquilar un apartamento y, la mejor noticia de todas, es que te mudarás con nosotros!

Pone su dedo ante mí para que pueda ver el anillo de bodas. Tom también sonríe y muestra un destello dorado a juego con el de Denise.

"¿Qu... qué?" tartamudeo. No puedo creer lo que escucho, lo que veo. Trago el nudo que se me ha quedado atascado en la garganta.

Tom recoge mis maletas.

"De hecho", hace una pausa como un actor que ha estado ensayando su discurso para lograr un efecto dramático, "hacia allá nos vamos esta noche. Ya hemos mudado la mayoría de nuestras cosas, además de las tuyas. Podrás pasar tu primera noche de regreso en nuestro nuevo apartamento. No está lejos de la universidad".

Ellos siguen parloteando y yo muevo los pies lentamente, como un zombi. Quiero volver corriendo a la pista y subirme a un avión, como si fuera así de fácil, como si tuviera otro lugar adonde ir. Obviamente, Denise ha estado planeando esto por meses, pero ha guardado la sorpresa hasta ahora. Supongo que ha calculado que, lo que le pago a sus padres, fácilmente puede ser una parte del alquiler de su nuevo apartamento. Ahora tiene todo lo que siempre ha querido: su propio lugar, Tom y yo.

"¡Cariño, estamos en casa!" Tom se ríe y levanta a Denise en el aire. Se ríe bajo la fría luz del letrero fluorescente que indica que hemos llegado a *King Street Apartments: una vida asequible. No se requieren contratos de arrendamiento. Se aceptan mascotas*. Son la 1:30 a.m. El apartamento de dos habitaciones está en el segundo piso de un complejo de estructuras tipo cuartel pintadas de gris y con molduras negras. Las colillas de cigarrillo ensucian la escalera, donde un enjambre de insectos revolotea alrededor de una luz. La puerta de mosquitero tiene agujeros lo suficientemente grandes como para que un murciélago pueda entrar volando. Denise dice que el propietario la reemplazará esta semana.

Mi habitación apenas tiene espacio suficiente para una cama doble y el viejo armario que usaba en casa de los Henry. Una pequeña ventana mira a través de un callejón estrecho a un edificio idéntico que está más allá. Intento abrirla, pero el marco de metal mohoso está atascado. Esta es más grande que mi habitación en Miches, pero se siente como la celda de una cárcel.

A medida que pasan los días, Denise toma el control de todo. Tom se va a trabajar y luego se tumba en el sofá a ver la televisión hasta la hora de la cena. Denise y yo vamos juntas a la escuela, hacemos la compra juntas, lavamos la ropa juntas. Esta pareja no se comporta como ningunos recién casados sobre los que haya leído o visto en las películas. Ellos no se ríen mucho y apenas se hablan. Me imagino que son más como algunas de esas parejas de ancianos que veo en la cafetería de Sears durante mi receso, que miran sus tazas como si ya no hubiera nada más que decir.

Yo no hubiera sido así con Luis, no con ese extraño espacio muerto entre dos personas. Le escribo una carta de despedida a él. No sé su dirección, así que se la envío por correo a Zuleica, quien prometió dársela la próxima vez que él esté en Miches.

Espero que esto te encuentre bien, empiezo, luego lo tacho y solo digo, *espero que esto te encuentre*. Le digo que nunca lo olvidaré, jamás, pero que mi destino está sellado. Eso suena demasiado dramático, así que tacho esa línea y luego vuelvo a escribir sobre ella. Es verdad. Anoto mi nueva dirección y digo que, si alguna vez te llega esto, ¿podrías escribirme una última vez?

Una carta de Luis llega un mes después. La letra llena todos los bordes del papel con una feroz inclinación hacia adelante, como si se estuviera empinando hacia una tormenta. Resulta que viajó a Miches el día después de que volé de regreso a Florida. Está desconsolado, enojado consigo mismo por no haber llegado antes a Miches.

Tuve una premonición, escribe. *Y ahora te has ido*.

Y ese es el final. Luis es solo una idea ahora, no es real. Solo una foto descolorida y algunas cartas. Incluso si viviera de vuelta en casa, no podría salir con él sin que papá me echara. Y si yo fuera una adulta y viviera en la capital, papá todavía me repudiaría si me casara con un dominicano. Así que ya no tiene sentido ni siquiera pensar en Luis. En vez de eso, me acuesto en la cama por las noches y pienso en escapar de esta prisión, pero no puedo conjurar ningún tipo de plan. Estoy atrapada aquí. Soy como uno de esos cangrejos que solíamos cazar: una linterna me está cegando y estoy agitando mis tenazas, pero no hay lugar para esconderme del cuchillo que me abrirá.

Denise prepara las comidas y no quiere a nadie en la cocina con ella, lo cual tiene sentido porque dos personas no caben en el cubículo en forma de L. Luego de las comidas, yo limpio todo. Después de la cena, tomo el autobús a mi trabajo en Sears y luego Tom me recoge. Digo que tomaré el autobús de regreso a casa, pero él dice que no, eso es peligroso, yo te recojo. Él fuma cigarrillos Marlboro y sube el volumen de la música country durante el viaje de quince minutos de regreso al apartamento.

Una mañana me despierto temprano y el pánico me atraviesa como un relámpago. No sé por qué, tal vez es un mal sueño que no puedo recordar. Siento como si las paredes estuvieran presionando hacia adentro, asfixiándome. Me lavo los dientes y agarro mis libros. Huelo el café y me dan ganas de vomitar. Denise está en la cocina.

Anuncio que no quiero desayunar y que tomaré el autobús a la escuela. Le digo que voy a merendar con una chica que está en mi primera clase del día, Negocios 101. No tengo esos planes. La clase de la mañana es una de las pocas que no comparto con Denise, así que invento a mi nueva amiga. Denise me mira con el ceño fruncido y, luego, sin previo aviso, me arroja la sartén con huevos y todo. Esta no llega a su destino y cae al suelo, mi blusa chorrea huevos revueltos.

Tom abre la puerta del baño, limpiándose la crema de afeitar. "¿Qué diablos, Dee?" Me quedo allí, como si hubiera hecho algo terrible para provocar su arrebato.

"Fue un accidente". Los ojos de Denise me desafían con un verde destello. Tom se tira al suelo con su toalla para ayudar a limpiar el desastre. No ha notado mi ropa toda empapada.

Me retiro a mi habitación y cierro la puerta. Enjuago mi blusa sucia cuando Tom termina de afeitarse, luego me dirijo a la puerta. Tengo la boca seca. Denise está de vuelta en la cocina preparando otros huevos. No levanta la vista. Tom me mira desconcertado y se pregunta en voz alta por qué no estoy comiendo.

"Se va a encontrar con una *amiga* en la escuela". Denise arrastra la palabra amiga como si fuera algo sucio.

El autobús me deja cerca del campus, no puedo quitarme el nudo que tengo en el estómago. ¿Por qué no hablo por mí misma? ¿Por qué le tengo tanto miedo a Denise? ¿Qué es lo peor que puede hacer, echarme? No puedo pensar en eso ahora. No sabría adónde ir ni qué hacer. Pero ella no hará eso de ninguna manera. Necesita el dinero de mi alquiler. Además, se supone que debo estar agradecida por el techo que tengo sobre mi cabeza. Ella me está haciendo un gran favor. Mis pensamientos se confunden y se vuelven grises y blandos, y dejo de intentar resolverlo todo.

CAPÍTULO VEINTICINCO

RESURRECCIÓN

En una tarde lluviosa, estoy acostada en mi cama, estudiando, cuando escucho el teléfono sonar en la sala. No debe ser para mí, así que lo ignoro, pero no para de sonar. Me doy cuenta de que Denise tampoco puede oír el teléfono, así que tomo un papel para anotar un mensaje. Un operador pregunta por mí, y luego escucho una voz de mujer, débil y lejana. Suena parecido a mamá, pero no estoy segura de que sea ella porque nunca hemos hablado por teléfono. Mi corazón da un vuelco y siento que se me sube la sangre a la cabeza. Sólo puedo imaginar que algo terrible le ha sucedido a papá; cualquier otra noticia hubiera llegado por carta.

"*¿Mamá?*" —grito, obligándome a hablar.

"Rita, Rita, ¿eres tú?"

"Sí, estoy aquí. ¿Es papá? ¿Qué sucede? Su voz viene y va, y me pierdo algunas palabras. Entiendo algo como que papá está bien, no es por eso que llama. Entonces el teléfono comienza a tener estática y grito:

"No puedo oírte, ¿qué dices?"

La estática se evapora y su voz es clara, pero sin aliento y temblorosa. Se trata de Berta. Recibieron una carta de Berta. Ella está viva. Estoy demasiado aturdida como para entender el sentido a las palabras. Oigo sonidos que entran en mi oído, dan vueltas en mi cabeza, y a mamá diciendo:

"¿Puedes oírme? ¿Rita?"

Asiento como si ella pudiera verme.

"Cariño, ¿escuchaste lo que dije?" No sé qué decir; no soy capaz de decir una sola oración completa. *¿Berta?*

"¿Ella está... está bien?"

La voz de mamá se entrecorta y ahora puedo escuchar que está llorando. "Berta está... está bien". La voz de mamá todavía es inestable, pero tal vez sea la línea telefónica. Intento concentrarme en la línea telefónica y su crepitar. Mamá dice que me ha escrito una carta, así que pronto tendré más detalles. *¿Berta?*

"¿Dónde está?" —pregunto, como si fuera más importante saber eso que por qué se ha escondido de nosotros durante tantos años. De repente tengo rabia, estoy hirviendo de la ira cuando sé que debería estar feliz, en éxtasis, emocionada.

"Arizona... en algún lugar de Arizona".

Mamá dice que la carta de Berta no da muchos detalles. "Pronto sabremos más", dice, y que debemos estar agradecidos.

"Es un milagro".

"Sí", digo, y mi voz tiembla. "Simplemente no puedo creerlo".

"Lo sé. Ha sido un *shock*".

"¿Cómo está papá?"

"Él... ha sido un *shock*", repite mamá.

La línea telefónica vuelve a crepitar y mamá dice:

"Bueno, solamente quería llamarte antes de que recibieras mi carta..."

La línea muere y yo quedo paralizada, sosteniendo el teléfono, hasta que la voz automática me dice que cuelgue. Y lo hago.

Denise sale con una toalla envuelta alrededor de su cabeza. "¿Era para mí?" Niego con la cabeza, y ella pregunta qué pasa, y le digo que tengo buenas noticias, luego empiezo a llorar, voy dando tumbos hasta mi habitación y me tiro sobre la cama. La escucho preguntarle a Tom qué es todo esto, y él dice que no tiene idea. La luz invernal se desvanece y oscurece la habitación a un color grisáceo por dentro y por fuera. La lluvia se ha reducido a una llovizna y las gotas corren lentamente por el cristal sucio de la ventana. Veo una gota llenarse como una garrapata llena de sangre, engordando hasta que no puede más y se derrama. Los pensamientos fluyen en mi cabeza. La confusión y la ira luchan con algo parecido al alivio. Se supone que debería estar feliz. ¿Por qué no me siento feliz? Me quedo allí, incapaz de moverme, y dejo que la batalla se desarrolle en mi mente mientras mi cuerpo se estremece. *Berta está viva*. Pronuncio esa palabra, tan extraña en mi lengua. *Viva*. Ni muerta, ni un cuerpo sacado de entre las olas. *Viva*. ¿Cuántos años? ¿Importan cuántos cuando ha sido toda una vida, cuando todo ha cambiado para siempre?

Miro las gotas de lluvia. La verdad, esta noticia es decepcionante. Berta ya está muerta, ha estado muerta para papá, para mamá, para mí durante semanas, meses y años, durante tanto tiempo que es lo único que sabemos. Después de todo, que ella esté viva es más extraño que creer que está muerta. Cierro mis ojos irritados y miro el delgado sobre de correo aéreo, del tipo que no pesa casi nada excepto por las palabras que tiene dentro. Sobrevuela el desierto de Arizona y vuela hacia el este y el sur, sumergiéndose sobre el Caribe. Me imagino el rostro de mamá cuando la carta llega al buzón de nuestro pueblo a miles de kilómetros de distancia, llega tan repentinamente como Berta desapareció. Veo los dedos temblorosos de mamá presionando esa caligrafía familiar, muy parecida al estilo de su propia escritura, cada letra redonda y pequeña, pero fácil de leer. Puedo imaginarla llorando, como tal vez cayó al suelo o simplemente se quedó inmóvil como si un solo movimiento pudiera hacer que la carta desapareciera en el aire.

Y papá, ¿qué será de él? Después de todo, él repudió a Berta cuando estaba viva, la llamó con esos insultos horribles, la borró de todo su ser como si nunca hubiera nacido. Si él no quería que ella existiera cuando estaba viva, ¿qué estará pensando ahora? Un tímido toque en la puerta interrumpe mis pensamientos. La cena está lista. No contesto. Pasan los minutos, luego Denise mueve el pomo de la puerta.

"¿Vas a comer?" De hecho, parece preocupada. Al fin me siento y la habitación da vueltas.

Entrecierro los ojos hinchados, no estoy segura de lo que voy a decir o hacer.

"Es mi hermana. Está viva".

"¿Hermana? ¿Qué hermana?"

Olvidé que nunca le había dicho a Denise. Cuando fuimos compañeras de cuarto, ella asumió que yo era hija única, así que nunca le dije nada diferente, era mucho más fácil de esa manera. El espacio está en silencio excepto por la olla de sopa que burbujea en la cocina. Tom se sienta en la mesa del comedor jugueteando con el salero y el pimentero de vidrio. *Clic clic. Clic clic.*

Finalmente, entre cucharadas de sopa, explico lo que sé y no sé. Denise tiene lágrimas reales en los ojos, y siento que la ira se me va escapando hasta que estoy muerta de cansancio y no puedo pensar ni hablar. La carta de mamá llega la semana siguiente. Tenía la esperanza de que adjuntara la carta de Berta, pero no lo hace. Supongo que no pudo dejarla ir, tuvo que conservarla, su única evidencia de que la larga pesadilla realmente terminó.

Berta está en un pequeño pueblo de Arizona, trabajando en un restaurante al borde de la carretera. Una familia que conoció en el restaurante la ha acogido. Por qué, no lo sé. Hay una dirección; le puedo escribir. Ella no dio un número de teléfono. Mamá dice que sería mejor si no la presionamos. Solo debemos estar agradecidos de que se esté comunicando, una vez más, con su familia.

Querida Berta, empiezo, y luego me quedo mirando la página en blanco. *¿Cómo estás?* Todo está mal, no puedo encontrar las palabras. Quiero saberlo todo, todas las partes que me faltan de su vida para poder llenar los vacíos en la mía. Como si tener todos los hechos fuera de vital importancia para mi supervivencia. Pasa una semana antes de que consiga escribir algo seguro, superficial. No conozco a esta extraña; ni siquiera sé si ella quiere saber de mí. Si ese hubiera sido el caso, habría escrito hace mucho tiempo.

Mis palabras son cuidadosas, ligeras. No quiero asustarla de nuevo. Mis palabras sobre los años perdidos son tímidas. No me atrevo a mirar hacia abajo, a las profundidades, donde la emoción se abre paso a través de los acantilados y ahoga todo a su paso. Quiero que mi bolígrafo penetre con tanta fuerza que rompa el papel con las verdaderas preguntas: *¿Por qué dejaste a tu bebé, a tu bebé indefenso? ¿Por qué nos abandonaste también?* Pero ni siquiera digo, todavía no, cuánto la he extrañado. Esas palabras ni siquiera me suenan reales. Hace mucho enterré ese sentimiento en las arenas movedizas de mi interior. Escribo que sería bueno verla alguna vez, si así lo desea.

Ella escribe de vuelta. Vive con una familia que la rescató (todavía no dice de qué), y es camarera en un Bob's Big Boy. Adjunta una postal de un restaurante que emerge de la carretera del desierto con una imponente escultura de un niño gordo con un delantal a cuadros rojos y blancos y peinado estilo *pompadour*. La escultura sonríe, pero me parece siniestra. El paisaje que rodea el restaurante es marrón y polvoriento, excepto por los cactus que crecen debajo de la estatua. Berta me envía su número de teléfono. Cuando escucho su voz por primera vez, simplemente lloramos juntas hasta que ella dice *te quiero* y yo digo *te quiero*, y esa es demasiada emoción para procesar, así que colgamos.

Poco a poco sé algo de su vida. Está tomando clases por la noche para poder terminar el preuniversitario. Pero solo podemos hablar del ahora, no del pasado. Siento como si estuviera en el bote de papá en uno de nuestros viajes a la finca, cuando mi trabajo era mirar la superficie del agua que teníamos por delante. Un ligero cambio de color puede ser la diferencia entre aguas profundas y un arrecife escondido que puede astillar el fondo de un bote. El pasado de Berta es como un arrecife, algo que hay que evitar. A veces no puedo ver el peligro hasta que escucho que su voz se vuelve aguda, luego cambio de rumbo hacia un terreno más seguro, o si no ella cuelga. Quiere vernos a mamá y a mí, pero no a papá, todavía no. Después de un montón de cartas y llamadas telefónicas, se organiza un reencuentro en Miami para abril. Mamá vendrá en avión desde Santo Domingo, yo tomaré el Greyhound. La tía Betty también viene de Nueva York, y las cuatro nos hospedaremos en un hotel cerca del aeropuerto.

El autobús llega a la estación de Miami, y paro un taxi como toda una adulta y le doy al chofer la dirección del hotel. La tía Betty y mamá ya están allí. Mamá tiembla cuando nos abrazamos. Ninguna de nosotras puede llorar; estamos demasiado nerviosas. Cuando aterriza el avión de Berta, estamos muy inquietas por la adrenalina. Mamá se seca las lágrimas y agarra el brazo de su hermana con tanta fuerza que puedo ver las marcas rojas en la muñeca pálida de mi tía. Nos apiñamos contra las enormes ventanas de vidrio mientras los pasajeros hacen su procesión por la pista y hacia la terminal.

¿Es ella? ¿Es ella?

No sé si es que lo pregunto en voz alta o no, pero de repente ahí está, inconfundiblemente Berta: alta y rubia, caminando con cautela. Mamá comienza a sollozar y mi tía Betty reparte Kleenex como una enfermera, murmurando: "Está bien, Emily, todo está bien".

Mamá tiembla tanto que me aferro a ella y me hace temblar a mí también. Entonces Berta está aquí, lo suficientemente cerca como para tocarla. Lleva un vestido camisero azul, su cabello rizado en las puntas en un moño ancho. Es la primera vez que la veo maquillada, las cejas depiladas y delineadas, y el delineador de ojos negros que hace que sus ojos azules sean aún más brillantes. Se ve bonita, pero dura y cautelosa al mismo tiempo. Su boca se tuerce como si estuviera tratando de hablar, pero no pudiera encontrar las palabras.

Todas nos abrazamos, y luego la tía Betty me aparta para que mamá pueda tenerla para ella sola por un minuto. Ella toca la cara de Berta, aprendiéndola de nuevo como un ciego que usa Braille, explorando para asegurarse de que todo sigue donde debe estar. Los ojos de Berta están rojos. No sé qué decir o hacer, así que nos miramos fijamente hasta que yo desvío la mirada o ella lo hace. Berta no parece real, incluso cuando puedo oler su cabello y su transpiración. Extiendo la mano para sostener la suya, que está caliente y sudorosa, pero no me importa. Pasamos dos extraños días llenos de silencios incómodos. Tengo tantas ganas de unirme nuevamente a la hermana que nos dejó a todos atrás, de encontrar algo a lo que pueda aferrarme. Pero esta es una persona nueva, protectora y llena de espinas, como uno de los cactus de las postales de Arizona. No hay suficiente tiempo para aprender dónde encontrar los lugares sensibles que aún deben estar detrás de la armadura.

Estoy enojada, pero finjo que no lo estoy porque no entiendo la rabia que me atraviesa. Cuando pasa un día, mamá deja de temblar y disminuye la cantidad de cigarrillos. Ella sonríe, perdonándolo todo. Sus ojos, azul pálido, tienen un brillo que no había visto en mucho tiempo. Berta se enternece con ella y sus ojos se suavizan como respuesta, bajando la guardia por un momento. Juntas a solas, Berta y yo hablamos en pequeños momentos interrumpidos por largos silencios. Trato de aferrarme a cualquier cosa que me conecte con los años polvorientos, los años misteriosos. "Dime", suplico. "Dime más. ¿Por qué no? Soy tu hermana". Ella se pone rígida. "No puedo. Siento haberte lastimado; nunca quise hacerlo".

Mucho antes del final de nuestro encuentro está claro que nada de lo que pueda decir o hacer penetrará más allá del ahora. Tendremos que aceptarla en sus propios términos. Sin preguntas, sin respuestas. Lo que sucedió en el tiempo después de abandonar a su bebé en Florida y reaparecer en las tierras baldías del Oeste permanecerá bajo llave y candado y en vigilancia, como si su propia existencia dependiera de borrar el pasado. Y tal vez sea así. Mamá le dice que papá la extraña y quiere que las dos vayamos a casa de visita en el verano. Berta mueve ambos pies nerviosamente y dice que lo pensará. No está segura de estar lista. "Cuando lo estés, cariño", dice mamá, "cuando lo estés".

Cuando se nos acaba el tiempo, todas nos despedimos y estoy de nuevo en el autobús, en camino de regreso por la costa. La mujer sentada a mi lado abre una bolsa de mantequilla de maní y galletas de queso. Dice que está jubilada y viaja a Orlando para ver a sus familiares.

"¿Qué hay de ti, jovencita?" Me ofrece una galleta. "¿Vas o vienes de algún lugar?"

La miro por un momento.

"Vuelvo", digo. "También he estado visitando a familiares".

Ella asiente, y creo que se supone que debo decir más, pero volteo hacia la ventana. Todavía no logro entender lo que le costó a Berta volver a entrar en nuestro mundo. Ha venido a nosotros envuelta solo en la fuerza de presionar sus dedos alrededor de un bolígrafo y hacer que las palabras se derramaran en una página que se dobló en un sobre y cayó en la boca de un buzón en algún lugar de Arizona. No puedo explicar que es por eso por lo que estoy aquí en este autobús, en este momento.

Algo se aligera dentro de mí, solo un poco, y me viro hacia mi compañera de viaje.

"Estaba visitando a mi hermana".

"Qué agradable".

"Sí", digo, "lo fue".

Berta, mamá y la tía Betty, Miami.

CAPÍTULO VEINTISÉIS

CAMBIOS

"¡Hola, tú!" Ellen Swisher me saluda al final de la clase de matemáticas en el colegio. Tiene el pelo castaño y una sonrisa llena de dientes. Odia las matemáticas tanto como yo. Finge un quejido y me dice:

"¡Al fin terminó la clase! ¿Quieres tomar un café?"

"Claro".

Mi ánimo mejora cuando estoy con ella; nos estamos haciendo amigas. Me recuerda a Beth, mi compañera de cuarto en Howey. A la semana siguiente, me invita a su casa a estudiar. Conduce un *Ford Falcon azul*.

"Bonito auto," digo.

"Bueno, si no cuentas las manchas de óxido de la playa".

No sabía que aquí se puede conducir en la arena. Ella me dice que debería venir algún fin de semana y podríamos pasar todo el día en Cocoa Beach con sus amigos. Apenas puedo creer mi buena suerte. Los Swishers viven junto al río en una casa a la sombra de los sauces. La habitación de Ellen es tan feliz como ella, con posters de los Beatles pegados en las paredes de un color amarillo brillante. Como la mayoría de los hombres en esta área, Mr. Swisher trabaja para la NASA en el Centro Espacial Kennedy, y la madre de Ellen es maestra de escuela. Sus hermanos tienen dieciséis y catorce años, son altos y ruidosos.

Después de que terminamos nuestra tarea, La Sra. Swisher me invita a quedarme a cenar, pero le digo que no, tengo que prepararme para el trabajo.

Ellen me deja en el complejo de edificios. Veo que la cortina del apartamento se mueve como si alguien hubiera estado mirando desde adentro.

Cuando abro la puerta, la cara de Denise se muestra hosca.

"Hola".

La saludo como si todo estuviera bien, como debería ser, pero por supuesto que no lo está. Llego a casa para la cena, con tiempo suficiente para nuestro ritual nocturno de comer la mayor parte del tiempo en silencio; luego friego todo y me voy a trabajar a Sears. Ya tomo el autobús. Es lo suficientemente seguro y, además, Ellen acaba de conseguir un trabajo de medio tiempo en el Departamento de Ropa Juvenil y se ha ofrecido para llevarme a casa las noches que nuestros horarios coinciden. Denise solo gruñe y se aleja.

"¿Qué pasa?" Pregunto, como si no supiera que está celosa de cualquier persona que quiera pasar tiempo conmigo.

"Nada".

"Okay".

Me doy la vuelta para entrar en mi habitación y Denise tira la puerta de su dormitorio. Cuando Tom llega, ella esboza una sonrisa y pone a hervir el agua de los espaguetis. Tom abre una cerveza *Pabst Blue Ribbon* y luego gira el dial de la televisión mientras yo arreglo la mesa. Luego de nuestra cena silenciosa, lavo los platos y me voy a mi habitación para escribirle a Berta. Todavía estoy en una especie de limbo después del encuentro en Miami. Tengo a mi hermana de vuelta, pero no, en realidad no. Parece que no podemos hablar por teléfono sin que haya muchos silencios; tal vez porque sigo haciéndole preguntas que no quiere responder. Insinúo lo divertido que sería hacer un viaje a Arizona cuando ahorre suficiente dinero para el pasaje del tren. "Algún día, tal vez", dice después de una larga pausa. Claro.

Así que escribir cartas es más seguro. No estoy segura de lo que somos ahora, pero no somos exactamente amigas. Con el tiempo, nuestras cartas se hacen más largas y me esfuerzo por agregar piezas al rompecabezas que es mi hermana. Ella se está dedicando a las carreras de motos, así que escribe sobre competencias en lugares como Red Rock y Cave Creek. La familia con la que vive está relacionada con un famoso escritor de ciencia ficción, por lo que ahora está leyendo libros de Asimov, Bradbury y otros autores de los que nunca he oído hablar. Ella me envía un ejemplar de bolsillo de *Forastero en tierra extraña*, de Robert Heinlein. Tengo problemas para entender el libro, pero el título se ajusta a cómo me siento.

El domingo siguiente, un auto toca la bocina una vez. Es Ellen; yo he estado lista desde hace una hora. Denise y Tom han ido a comprar nuevas bocinas estéreo. Querían que fuera con ellos, pero les dije que tenía otros planes, y Denise levantó las cejas y dijo: "¿Ah?" Como si nada pudiera ser más divertido que estar con ellos dos.

El Falcon de Ellen pasa zumbando sobre la calzada hacia Cocoa Beach y desciende por una rampa hasta una larga franja de arena compacta. La playa está repleta de autos, familias, adolescentes, ancianos con varas de pescar a la orilla del agua, perros persiguiendo gaviotas y surfistas montando las pequeñas olas. Ellen se detiene junto a un Mustang convertible color turquesa. Un chico bonito con shorts holgados nos saluda con una mano apoyada contra una tabla de surf. El día es una especie de bruma, mezcla de aceite bronceador *Coppertone #4*, agua tibia de mar y ráfagas de música de la radio del auto.

Nos doramos al sol, chapoteamos en las olas y la arena se cuela en todo. El amigo de Ellen, Donny, sostiene un frasco de bronceador como si fuera un micrófono y grita "Help!" al mismo tiempo que The Beatles, y nos reímos hasta casi no poder respirar.

A las cuatro nos damos un último chapuzón y Ellen me lleva de vuelta a mi apartamento. En la radio suena a todo volumen *Summer in the City* de The Lovin' Spoonful. Mientras subo las escaleras, tengo una nueva sensación que no puedo identificar bien, excepto que se siente como una de esas veces en Cocoloco cuando papá no bebía y nos quedábamos dormidas con la lluvia tintineante después de un buen día. Me duelen las mejillas de tanto reír, y mi cuerpo tiene un hormigueo por el sol que tomamos y también por la crema con olor a coco que Ellen dice me ayudará a refrescar las quemaduras.

Los buenos sentimientos se disipan cuando abro la puerta. Llego media hora tarde para la cena y olvidé llamar a Denise. Ahí me está esperando. Solo la miro. Ella se enfurece y grita que soy una perra desconsiderada, y que mire todo lo que ha hecho por mí, y lo menos que puedo hacer es llegar a tiempo. Tom levanta la mano para calmarla, pero ella simplemente se aleja gritando: "¡Puedes hacer tu maldita cena!" Murmuro que lo siento y escapo a mi habitación.

A la mañana siguiente, Denise vuelve a su normalidad, sonriendo y mostrándome el nuevo sistema estéreo mientras me da una taza de café.

En la clase de matemáticas, Ellen pregunta: "¿Qué te pasa? Dios mío, ¿alguien murió?"

Le cuento a Ellen sobre el ataque de Denise y cómo ha sido así desde que tuve que mudarme con ella y Tom. Ella niega con la cabeza.

"¡Nadie debería tratarte así! ¿No ves que Denise está loca?"

Nunca me ha pasado por la mente que yo puiera tener mi propia opinión acerca de cómo me tratan. Luego le explico a Ellen que es gracias a Denise que tengo un cuarto propio y un techo sobre mi cabeza.

La mandíbula de Ellen se aprieta y me mira como si la loca fuera yo.

"No lo entiendes, ¿verdad? ¿Que mereces algo mejor?"

Solo la miro y me encojo de hombros. No sé si puedo creer eso. Ellen me invita de nuevo a estudiar en su casa. Cuando llego, la Sra. Swisher y los varones me están esperando en la sala. Ellen dice que su mamá tiene algo que quiere preguntarme. Me invitan a vivir con ellos hasta que termine la universidad, si así lo deseo.

Los Swishers son algo que nunca he experimentado: una familia de verdad, no como la nuestra, aunque papá siempre diga que somos una familia 'terriblemente feliz'.

Con la lengua hecha un nudo, asiento con la cabeza, aunque tengo miedo de cómo Denise tomará la noticia.

A la mañana siguiente, me dirijo a la cocina, donde Denise le está sirviendo cereal a Tom en un tazón. Mi voz se traba en mi garganta y solo sale un gruñido.

"¿Pasa algo?"

Así es como sería enfrentarse a papá, me doy cuenta de repente. Por eso estoy tan aterrorizada. *Denise no es papá*, me digo. Finalmente, las palabras salen como un chillido, como si hubieran pasado por un colador de metal.

"Me voy. Es decir, me voy a mudar".

Las palabras cuelgan en el aire, congeladas. Tom se aclara la garganta. Denise se da la vuelta lento desde el refrigerador y golpea un tazón contra el mostrador. Sus ojos están llenos de furia. "No puedes hacer esto", sisea a través de sus dientes apretados. "No puedes irte". Se vira hacia Tom en busca de respaldo, pero él no reacciona. En cambio, él simplemente levanta las palmas de sus manos en el aire.

"No puedes detenerla, Dee. Es un país libre".

Estoy temblando por la adrenalina, un huracán se arremolina dentro y amenaza con revolver mi estómago. Me estabilizo en la meseta de la cocina. Es la primera vez que me enfrento a alguien, y hasta ahora no me ha matado. No puedo mirar directamente a Denise, así que miro a Tom, quien me ofrece una pequeña sonrisa y comienza a jugar con el salero y el pimentero.

Clic clic.

Excepto por ese sonido, el lugar está en silencio. No hay nada más que decir. El apartamento se siente como si en él no hubiera aire—como si el apartamento mismo lo hubiera absorbido. Me las arreglo para levantar mis pies y me dirijo al cuarto, me pregunto si una sartén volará por el aire a mis espaldas mientras me retiro.

Denise sigue clavada en el mismo lugar, ahora mirando a Tom. Recojo mi llave y camino dos cuadras hasta el teléfono público más cercano. Inserto las monedas con manos temblorosas.

"Lo hice, Ellen. Lo hice".

Ahora me siento aliviada; me sacudo las nubes de tormenta y me estremezco por lo brillante que es el sol, el calor que se extiende a través de mí como un bálsamo. Todo sucede en una sola tarde, hay un contraste entre empacar y la cara sombría de Denise. En menos de una hora, el Falcon sale de la entrada del garaje por última vez. El letrero de *King Street Apartments -Vida asequible en la costa* desaparece de la vista. Finalmente, a los diecinueve, casi a los veinte años, me siento segura. Siento, también, algo parecido a la libertad.

El siguiente domingo asisto a misa con toda la familia. Doy mi primer paso dentro de una iglesia católica sin tener miedo de lo que podría hacer papá si se enterara. Un guitarrista dirige a un coro de cantantes, y los vitrales proyectan brillantes láminas de color a medida que sale el sol en el cielo veraniego. Observo cómo los feligreses se ponen de pie o se arrodillan y realizan sus rituales. No subo al altar para comulgar; eso estaría mal, ya que soy una impostora aquí, aunque estoy tentada de ver si la copa de plata contiene vino o jugo de uva. Pienso en papá y en todos los años que me prohibieron entrar a la iglesia del padre Daniel en Miches.

Durante la oración final, yo también me inclino con las rodillas apoyadas en la barra del gastado banco de madera. No se me ha permitido creer en Dios, y realmente no puedo imaginarlo a Él como un anciano blanco con una barba raída. Pero aquí, mientras las voces se elevan en oración y la luz dibuja un arcoíris sobre nuestras cabezas, susurro sin miedo: "Gracias".

Después de la iglesia, Ellen y yo nos escapamos a la playa en el Falcon. Estoy volando, soy un pájaro que roza las olas del océano y aterriza suavemente en la arena salada. Más tarde, de regreso a casa con mi nueva familia, Mr. Swisher enciende la parrilla de carbón para asar bistecs. Ellen y yo le quitamos las hojas de maíz y los envolvemos en papel de aluminio con mantequilla, sal y pimienta, alineándolos como regalos de plata alrededor de las esquinas de la parrilla. Los chicos, quejándose levemente, preparan una ensalada de tomates y lechuga. Conversamos, reímos y comemos en la mesa de picnic bajo la sombra del árbol mientras se pone el sol, en la hora mágica antes de que aparezcan los mosquitos.

No hay silencios incómodos aquí. Aparecen una rodaja de sandía y un plato de brownies. Saciada y pegajosa de la sandía, suspiro con incredulidad.

Por primera vez tengo la familia americana con la que solía soñar, y también una mejor amiga. Lentamente, los siempre presentes nudos en mi estómago se van aflojando y siento que puedo respirar sin tener el aliento entrecortado. Me estoy relajando de algún modo.

He ahorrado suficiente dinero para comprar mi primer auto. Le doy cuatrocientos dólares a un amigo de Donny y me convierto en la propietaria de un Oldsmobile F85 blanco de 1961 con *glasspack*, lo que sea que eso signifique. Lo que es, descubro, es un mófler muy ruidoso que impresiona a los chicos Swisher, y un auto que puedo acelerar hasta 110 millas por hora en el largo tramo entre Cocoa y Daytona Beach—lo cual no le cuento a nadie. Eventualmente, mófler se cae y lo reemplazo por uno normal, lo que decepciona tremendamente a los hermanos de Ellen.

Así como el auto expande mis horizontes reales, los Swishers me empujan poco a poco a otros mundos a los que nunca me he atrevido a aventurarme. En los pocos meses que he estado con ellos, han aparecido grietas y fisuras profundas en mi chaleco antibalas, aunque la niebla oscura del miedo que habita adentro sigue ahí. Ahora hay espacio, por primera vez, para algo más. Al escuchar a Ellen y a sus padres, aprendo que está bien cuestionar, preguntarse, ser curioso sobre casi cualquier cosa. Ellos debaten sobre qué trabajos Ellen y yo podríamos conseguir una vez que hayamos terminado el colegio. Mrs. Swisher se apresura a añadir, que eso es a menos que alguna de nosotras planee obtener la licenciatura. Como si realmente tuviéramos opciones. Mr. Swisher dice que hay cientos de puestos de trabajo en Cabo Kennedy con los proyectos Apolo-Saturno y la carrera por llevar a un hombre a la luna. Mi cabeza da vueltas de la emoción, y le digo a la otra voz, esa que dice: "No, nunca serás lo suficientemente buena para hacer nada de esto", que se calle.

Compro un cuaderno floreado con un candado diminuto. Dentro escribo: "Un plan para 1967", para el próximo año. La página en blanco me mira fijamente y la niebla aparece. Se siente peligroso y demasiado atrevido escribir palabras reales, planes para el futuro. En vez de eso, meto el diario en blanco debajo de mi almohada. Algunos pensamientos perdidos persisten como brisas tenues. Cierro los ojos y me permito soñar que tengo mi propio apartamento, solo para mí. Está ordenado y en forma, brillante y lleno de amigos los fines de semana. Me imagino que durante la semana conduciré por la calzada de Merritt Island hasta el cabo Kennedy, donde me pedirán que entre en un edificio alto lleno de científicos y de la emoción de los viajes espaciales.

Me siento lo suficientemente valiente como para volver a llamar a Berta para ver si está lista para una visita a casa. Esta vez ella no duda mucho antes de decir que sí. Hacemos planes para volar a República Dominicana en diciembre, después de que tanto la temporada de huracanes como la turbulencia política en Santo Domingo se hayan calmado lo suficiente como para ir. Será el primer viaje de regreso de Berta desde que papá la obligó a dejar Miches aquel verano que estaba embarazada, hace siete largos años.

Supongo que Berta finalmente está lista para enfrentarse a papá, pero ahora la niebla de antaño vuelve a asentarse en mi estómago como si nunca se hubiera ido. Abrazo una almohada y respiro lentamente. La pesadez se disipa un poco, pero no estoy segura de estar lista para cualquier situación que me espere en la isla.

Apenas estoy juntando las piezas de mí misma, reparando las grietas y creando algo que está casi completo. Nos hemos separado por tanto tiempo que tengo miedo de lo que otra explosión me pueda hacer a mí y al resto de la familia.

Reunión familiar.

CAPÍTULO VEINTISIETE

REGRESO A CASA

Mamá y papá no nos recibirán en el aeropuerto. Parece que a papá la gripe lo ha afectado más de lo habitual y todavía se está recuperando. Me pregunto si realmente ha estado enfermo. Nunca se ha disculpado por nada de lo que le dijo a

Berta ese horrible verano, o sobre ella en los años posteriores.

La noche antes de nuestro vuelo a Miches, Berta y yo nos reunimos en el mismo hotel de Miami donde nos quedamos con mamá y tía Betty en abril. Su cabello ya no está rígido por el *spray*. Lo lleva suelto y bonito, y se ondula en sus hombros. Eso es lo único que fluye con facilidad. Tiene la espalda encorvada como si se estuviera preparando para la batalla, se come las uñas hasta que le sangran, e incluso, mientras hablamos, se muerde los labios. Mi estómago está hecho un manojo de nervios, preguntándome y preocupándome por cómo serán las cosas con papá.

"¿Estás emocionada?" pregunto después de que nos sentamos en una mesa de la cafetería del hotel, consciente de que es una pregunta estúpida. Aterrorizada sería la palabra adecuada.

"Será agradable volver a ver a todos", responde en un tono neutro, mirando el menú.

"Oh, por favor".

"Mis amigos, quiero decir".

La mesera toma nuestros pedidos de sándwiches de atún y té helado.

"¿Qué tal con papá?"

Su tono se vuelve agudo. "Eso depende de él".

No sé qué más decir, o cómo tener una conversación. Comemos y hablamos sobre películas y libros.

Compartimos una porción de pastel de limón tan ácida que Berta hace una mueca y ambas nos reímos. Se siente extraño no tener con ella el tipo de conversaciones íntimas que tengo con Ellen, pero me imagino que nos estamos acostumbrando la una a la otra. Berta tiene veinticuatro años y yo tengo veinte, ya somos adultas, pero somos casi tan asustadizas como cuando éramos niñas esperando la noche y el sonido del ron cayendo sobre el hielo.

Hay mucho balbuceo en español e inglés por los altavoces cerca del mostrador de Dominicana de Aviación. Adornos navideños y guirnaldas enmarcan las puertas de embarque. Los colores rojo vivo, verde, azul y amarillo brillan en la larga fila hacia el mostrador de boletos mientras los dominicanos, vestidos de manera colorida, van de regreso a sus casas para las fiestas y empujan enormes cajas, bultos y maletas. Los viajeros fluyen alrededor de los obstáculos como una marea, y a nadie parece importarle la cola. Las risas y las conversaciones nos rodean mientras nos unimos a la multitud. Resaltamos como si fuéramos fantasmas altos y pálidos en nuestras prácticas faldas de viaje y con nuestras pequeñas maletas. Berta todavía usa el viejo bolso blanco con patrón bordado, ahora desgastado y grisáceo.

Veo un brillo antiguo en los ojos de Berta. Se lleva los dedos a los labios y yo asiento. Ambas nos hemos dado cuenta de que ninguna de estas personas adivina que hablamos español. Es como cuando éramos niñas y visitábamos la capital. Escuchábamos mientras todos hablaban a nuestro alrededor, sin que ellos supieran que entendíamos cada palabra. Recuerdo que pretendíamos no entender excepto en las pocas ocasiones en que los chicos decían cosas sobre nosotras que nunca se atreverían a decir en voz alta frente a las muchachas dominicanas. Si no había adultos alrededor, nos volteábamos hacia esos alborotadores para lanzarles un río de coloridas maldiciones de Miches. Los chicos se detenían en seco, con la boca abierta de vergüenza y conmoción. Antes de que pudieran responder, nos dábamos la vuelta y nos alejábamos erguidas y con dignidad, todavía luciendo, al menos para ellos, como turistas extranjeras. Cuando estaban fuera del alcance del oído, nos moríamos de la risa.

Una vez en el avión, las dos nos quedamos ensimismadas en nuestros propios pensamientos. Tengo tantas cosas que quiero decir, preguntas para mi hermana, la extraña, pero el zumbido del avión y el sonido de las conversaciones es reconfortante, como una manta que es bienvenida por mi mente ansiosa. Berta saca una bolsa de papel repleta con revistas, artículos que ha arrancado de periódicos y un libro.

"Viajas preparada, ¿eh?"

"Bueno, claro. Tenemos varias horas por delante. ¿Necesitas algo para leer?"

"Supongo".

Rebusca y me muestra un artículo sobre conservación de bosques que ha recortado de alguna revista. Niego con la cabeza.

"Aquí hay algo que probablemente no has visto en mucho tiempo. Estaba revisando algunos papeles y encontré la obra maestra de papá".

"¿La qué de papá?"

"¿Recuerdas ese artículo que escribió hace años que pensó que *National Geographic* le publicaría? Siempre lo llamamos la obra maestra de papá".

Digo que tal vez lo recordaría si lo leyera de nuevo. Saca un grueso fajo de papeles de un sobre largo y me los entrega diciendo:

"Si lees esto, pensarás que tuvimos una vida maravillosa en Miches. Bueno, papá, de todas maneras, apenas nos menciona. Pero, de nuevo, ¿qué podríamos esperar?, ¿verdad?"

"Es cierto".

Separo las hojas de papel, finas como un pañuelo, y ahora recuerdo los meses en que papá, por las mañanas, cuando estaba sobrio, por supuesto, llevaba un cuaderno rayado consigo cuando encendía el horno en el secadero de Cocoloco. Él le entregaba las páginas completadas a mamá para que ella pudiera teclear sus notas en la máquina de escribir. Su tecleado era tan rápido como la lluvia golpeando el techo. Su historia nunca se publicó, pero envió copias a amigos en los Estados Unidos curiosos sobre nuestra extraña vida. Leo en voz alta algo de lo que papá escribió en 1958 sobre Miches:

Hace seis años, una serie de cocoteros que comenzaron a sembrarse nos convencieron de mudarnos aquí con una bolsa y un equipaje, más nuestras hijas Berta y Rita. Hay una expresión local que dice "el ojo del amo engorda al caballo", y yo quería comenzar a manejar la finca de manera personal. Después de todo, tuve que empezar a aprender sobre el cultivo de coco, ya que mi experiencia anterior en la agricultura se había limitado a huertos de cocina de rábanos, tomates y cosas similares. Por fin, la finca Cocoloco está comenzando a demostrar que no es tan "loca".

No hay mucha vida social en Miches, pero con amigos y las brillantes luces de la capital a solo tres horas en auto no se le extraña. (Tal vez hasta sea mejor que no haya demasiada actividad porque Emily se las ha arreglado muy bien para enseñar a las niñas por medio de los cursos por correspondencia de Calvert).

Berta interrumpe. "Oh, claro, a solo tres horas de la emoción de la capital. Como si hubiéramos salido de Miches más de una vez al año".

Me salto todas las descripciones de Cocoloco y cómo funciona la finca hasta que llego a la parte de *los velorios*, las antiguas ceremonias de tambores que ocurrían cada junio. Me había olvidado de ellas. Ahora recuerdo que el Padre Daniel dijo una vez que los velorios eran obra del diablo. Berta mira por la ventanilla del avión mientras leo en voz alta. Al ver las palabras de papá, recuerdo las calurosas noches de junio acostada en la cama al sonido de los tambores, que subían y bajaban como olas. Incluso las ranas y los grillos parecían detenerse y escuchar los antiguos sonidos de los tambores y el vudú. La azafata trae vasos de *ginger ale* y paquetes de maní. Guardo la historia de papá, luego retomo la última página y decido leer su última oración. "Escucha esto", le digo a Berta:

Hemos tenido nuestras pruebas y nuestras penas, y esperamos más antes de que nuestros planes y esperanzas se hagan realidad, pero, así como anuncian las compañías navieras, 'llegar es la mitad de la diversión'.

Berta inhala cuando escucha eso. "Oh, sí, llegar definitivamente fue la mitad de la diversión, seguro". Su voz, sarcástica y amarga, me hace sentir extrañamente a la defensiva por papá. Tal vez tengo esta reacción por todos los años que se perdió; los tiempos que no fueron tan malos, excepto cuando lo fueron. La tristeza se filtra como niebla después de leer las palabras de papá. Todo lo que escribe es cierto, pero es como si hubiera otra persona en estas páginas, otro papá, no el padre enloquecido por el ron que nos saca de la seguridad de las camas en las noches oscuras y hace llorar a mamá.

Berta no tiene ni una lágrima cuando aterrizamos, lleva su dolor como un escudo, y pronto ya estamos en el viaje conocido a través de la isla. El chofer dice que el camino principal por la montaña es intransitable; no nos detendremos en la cima de la cordillera para el ritual de ver a Cocoloco como hacíamos en cada trayecto a casa. Mi corazón se entristece con la noticia. Este era el único lugar donde podíamos ver el sueño completo de papá hecho realidad, la franja de frondas de coco al lado de la playa. Nuestro mundo, nuestra vida, creciendo y brillando en la distancia, siempre hermoso. A veces esta vista incluso hacía parecer que todo valía la pena.

En cambio, nos desviamos, girando hacia colinas desconocidas y pasando árboles de lechosa llenos de fruta, asentamientos dispersos demasiado pequeños como para ser llamados pueblos, y filas de árboles de café con sus bayas de un rojo brillante.

Comienza a llover, y los dulces olores de la tierra mojada y la lluvia fresca envuelven al auto. Tomo una gran bocanada de aire húmedo, y casi tan rápido como empezó, la lluvia se detiene y aparece un doble arcoíris que luego desaparece. Nos quedamos atrapadas en un bache durante casi media hora antes de que el chofer y dos hombres montados en burros logran sacar el auto y ponerlo de vuelta en un terreno más o menos sólido.

Este es un territorio desconocido, por lo que ambas nos sobresaltamos cuando, después de otra hora de sacudidas y giros, casi de repente, llegamos a Miches. Berta me aprieta el brazo con tanta fuerza que duele, mientras nuestros ojos se esfuerzan por ver en la oscuridad.

El chofer se detiene en la puerta de Casalata y toca la bocina. Salimos del auto, tratamos de sacudirnos los fantasmas del pasado y nos preparamos para lo desconocido. La reja está cerrada, pero no hay necesidad de tocar el timbre. La pequeña figura de mamá se apresura hacia nosotros, sus pasos son bruscos y rápidos. Papá, rígido como un soldado, marcha detrás. Está demasiado lejos para ver sus ojos o saber si huele a alcohol. He olvidado contarle a Berta cómo ha envejecido papá; he olvidado advertirle lo pequeño que le parecerá todo. He olvidado decirle que ya él no da tanto miedo como antes. Ya es demasiado tarde. No puedo contarle todo, y ella no me dice nada. Estamos juntas y la siento temblar, su piel es fría y húmeda en la cálida noche.

"Muchachas, ¡De verdad que están aquí!" La voz de mamá se quiebra mientras busca a tientas la cerradura. Los brazos de papá no parecen saber qué hacer; se sacuden y se contraen, y su boca se abre y se cierra, tratando de hablar, pero sin lograrlo.

Durante unos segundos todos estamos congelados y puedo sentir el entumecimiento filtrándose, esa niebla que me envuelve para protegerme del peligro o al menos la anticipación de algo malo. El chofer, que está detrás de mí, tose y el silencio se rompe. Está esperando a que le paguen.

"Un momento", dice papá, y luego sus brazos se extienden hacia nosotros, y me hago a un lado para que solo quede Berta frente a él.

Se miran. Ella se endereza para mostrar que es casi tan alta como él.

"¿Cómo estás?", él pregunta.

"Bien".

Me siento débil y me doy cuenta de que he estado aguantando la respiración. La mano de mamá encuentra la mía. Está húmeda de sudor. Una rana croa a lo lejos y un mosquito zumba en mi mejilla. Por el rabillo del ojo veo que el chofer ha retrocedido para darnos privacidad. Se apoya del coche y gira la cabeza para encender un cigarro. El humo se envuelve alrededor de sus dedos, y un punto rojo brilla en la penumbra sombría.

"Bueno", dice papá. "Bien".

Berta se queda quieta. Me doy cuenta de que no va a hacer ningún movimiento. *Estoy aquí*, dice su espalda recta. *Estoy aquí*, dicen sus puños. *Es tu turno*, dice su mandíbula, inclinada hacia adelante. *Tu turno*, dice su mirada de ojo azul. Un quejido entrecortado sale de la garganta de papá, y luego se acerca a ella, se acerca y llora. Berta deja que la abrace, que la apriete, que llore en su precioso cabello. Ella todavía está tensa y rígida, no está lista para rendirse, todavía no. Por lo que parece, tal vez nunca. Ahora mamá está llorando. Me hala hacia ella y nos unimos en un incómodo abrazo. Me mantengo a salvo en mi niebla. Olfateo el aire como un perro, pero no huelo el ron, solo cansancio, miedo, alivio y adrenalina. Papá da un paso atrás y se recompone. Saca unos billetes de sus gastados shorts color caqui y busca al chofer.

"Ay, qué bueno", dice el chofer, no al dinero sino a la familia, reunida de nuevo. "Hace mucho tiempo, ¿no?" pregunta.

En nuestra primera noche juntos de nuevo somos como nadadores tratando de mantenerse a flote en el mar. Debajo de nosotros, el mar de nuestra vida se agita y gime con el peso de todo lo que no se ha dicho y seguirá sin decirse. Este mar está todo revuelto y los monstruos acechan en sus profundidades, de cuyos hechos no debemos hablar. Los tiburones se esconden en las aguas poco profundas, las anguilas se deslizan a través de los bosques de algas, listas para morder si nos hundimos. Así que nos movemos en la superficie para evitar chocar demasiado cerca los unos de los otros. Sin embargo, estamos a flote, todos nosotros finalmente aquí en un solo lugar, juntos.

Cierro los ojos y me dejo absorber por la resaca de una imagen no deseada. Ahí es donde está ella, esa otra chica, la que realmente fue asesinada y arrojada al Golfo. La que pensábamos que era Berta. No sé por qué tengo que pensar en ella ahora. Ni siquiera había pensado en su familia antes, quien quiera que sean, donde quiera que vivan. ¿O acaso estaba completamente sola, sin nadie que la extrañara? Me abro camino de regreso a la superficie, pedaleando con mis piernas tan fuerte como puedo.

Pasamos por alto nuestras conversaciones como pescadores que lanzan redes para atrapar los peces que nadan cerca de la superficie. Papá dice que tenemos una gran cosecha de cocos, pero el precio está bajando. El hijo de Juan Kair encontró una pepita de oro en el río cerca de La Mina y la exhibieron en la tienda hasta que un ladrón entró y se la robó. Se han abierto dos nuevos bares en las colinas detrás del terreno de béisbol. Mamá dice que hay una nueva clínica médica en el pueblo y un dentista que divide su tiempo entre El Seybo y Miches, no como en los viejos tiempos cuando teníamos que esperar semanas con dolor de muelas o viajar hasta la capital. Yo describo mi nueva vida con los Swishers, pero no les cuento que son la familia que siempre he querido tener. Les digo que Ellen y yo planeamos conseguir trabajos en la NASA el próximo año, y tal vez nuestro propio apartamento. Mamá dice: "Oh, Dios mío, eso suena grandioso. Pero no dejes la taquigrafía".

Berta dice que a lo mejor se muda a California en un par de años, cuando pueda permitírselo. Mamá calienta frijoles y cocina una olla de arroz. Papá bebe su ron y tose mucho, pero dice que está mejorando. La gripe lo agarró fuerte, bromea. Berta esboza una sonrisita tensa. Mamá ha quitado las cajas de nuestro dormitorio y ha preparado las camas con sábanas limpias y mosquiteros nuevos.

Berta y yo nos tropezamos al desempacar en el diminuto espacio entre las camas. Ella abre la ventana a la noche. Una leve brisa se filtra a través de la fuerte tensión. El silencio de la temprana noche se ve interrumpido por los radios que emiten canciones navideñas. Papá saca la vieja Victrola y pone el álbum navideño de Perry Como, lo cual amortigua un poco el ruido exterior. Antes de la cena, nos servimos vasos largos de cerveza Presidente y nos sentamos en el porche con mamá y papá. La mandíbula de Berta se relaja un poco, así que la mía también.

Sin previo aviso, las luces se apagan y todo el ruido se reduce a un suspiro. La oscuridad se suaviza con una luna en cuarto creciente y un paraíso de estrellas. Los cuatro salimos a la puerta principal y observamos la bahía. Aquí y allá aparecen destellos de luz, como luciérnagas brillando, mientras se encienden las lámparas de queroseno. Como cuando éramos pequeñas, antes de que llegara la electricidad a Miches. Estamos en silencio. Sin los radios a todo volumen, sin motores, generadores u otros ruidos, escuchamos el golpeteo de las olas rompiendo, las hojas de las palmas susurrando encima de nuestras cabezas, y el sonido ocasional de los grillos.

Comemos a la luz de una linterna que nos da un brillo color miel. Hay una ilusión de calidez, somos una versión surrealista de una pintura de Norman Rockwell, con las servilletas acomodadas en nuestro regazo y la luz de la lámpara reflejando el oro de nuestras copas.

Papá se ha mantenido ligeramente sobrio, lo cual es suficiente como para animarme. Nos sentamos en nuestros puestos como en los viejos tiempos, como si nada hubiera cambiado, excepto que Berta y yo crecimos, mamá y papá se hicieron más pequeños y la casa también se encogió.

Papá levanta su copa para brindar. "Por nuestra familia feliz". Berta se atraganta con su cerveza. Yo bebo la mía de un gran sorbo y luego digo, "Amén", antes de estallar en una carcajada histérica. Berta me patea debajo de la mesa y luego trata de reprimir una leve risa. Mamá parece desconcertada, pero ella y papá comienzan a reírse de todas maneras, hasta que las paredes de aluminio vibran con este sonido desconocido. Más allá de la laguna, las ranas se quedan en silencio y hasta los grillos se calman.

*****

Papá me dijo hace años que el ojo de un huracán tiene la presión atmosférica más baja de la tierra a nivel del mar. El tamaño del ojo puede tener desde unos pocos kilómetros hasta más de cien millas de ancho. La calma es engañosa, por supuesto, pero mientras dura, es momento de respirar hondo, tomar un descanso y prepararse antes de ser azotado nuevamente por las paredes de la tormenta.

Cocoloco es el ojo del huracán, el lugar donde descansamos por unos días preciados, una familia unida por un ciclón de secretos y mentiras, y una pequeña esperanza de que de alguna manera evadiremos las tormentas que nos rodean. En su centro tejemos una paz que es un manto frágil, tan fino como una telaraña. Lo cosemos con palabras cuidadosas, con silencios. Papá apenas bebe durante toda esta visita; sus noches sobrias también están entretejidas en esta manta. También lo son los abrazos, aún incómodos, y las tardes en las que jugamos cuatro rondas del juego de Scrabble sin importar quién gane. Durante dos semanas nos quedamos apretados en el centro del huracán. Aquí, en el ojo, los vientos son ligeros y pedazos de cielo azul salpican la bahía con una clara luz invernal.

En nuestra última noche, la lluvia llega a nuestro techo, al principio es ligera, y luego más intensa, como un tambor. Me inclino y sacudo a Berta para despertarla.

"Escucha", susurro.

Se sienta mientras la lluvia que entra a través de la ventana abierta salpica el mosquitero con gotas que parecen perlas en la penumbra.

"Vamos afuera", murmura Berta.

"¿Ahora?"

"Sí, ahora".

"¿Por qué?"

"No sé. La lluvia nos hará bien".

Salimos de puntillas en nuestras pijamas, con los pies sobre la hierba mojada. Berta pone su rostro de cara a la lluvia y abre la boca. Como una niña pequeña, saco la lengua para atrapar las gotas que se deslizan por mi nariz. Berta se ríe y yo digo, "Shhh".

"Oh, ellos no pueden escuchar nada con este aguacero".

Cuando comenzamos a empaparnos, nos guarecemos bajo el techo y nos sentamos en el escalón del porche para secarnos. A medida que pasa la tormenta, la luna sale de detrás de las nubes y las estrellas parecen diamantes recién lavados.

"Mira". Berta señala el escalón. "¿Qué?"

"¿Recuerdas? Nuestros pies".

Había olvidado que, cuando se construyó Casalata, papá y mamá celebraron una ceremonia especial por haber finalizado su construcción. Papá mismo mezcló el concreto para el último trabajo: el escalón del porche que conduce a la laguna. Berta y yo dejamos nuestras huellas en el cemento que se estaba secando. El agua se ha encharcado en las hendiduras apenas profundas, haciéndolas resaltar a la luz de la luna.

Nos sentamos juntas y contemplamos nuestras propias galaxias. Toco mis diminutas huellas como si fueran de carne y hueso, todavía esa niña de cinco años que presionó sus pies en el frío cemento gris hace tanto tiempo es parte de mí. Paso mis dedos sobre las huellas más grandes de mi hermana. Mi corazón se siente tierno y puro. Una nube pasa sobre la luna y me recuerda la oscuridad de los huracanes. Incluso si llega uno grande, más grande de lo que Casalata pueda soportar, estas huellas sobrevivirán.

Berta desliza su brazo sobre mi hombro, su piel es pegajosa y está erizada, pero se siente reconfortante de todas maneras. Me sorprendo ante la inesperada ternura. Sus ojos bajan sus escudos y, por un momento, me deja ver todo el camino a través de la noche azul oscura de su dolor, y más allá de las estrellas fugaces, donde todo está bien siempre.

Epílogo:

Pintura de mi hermana, Berta.

I

Maleta, California

En lo profundo de la tenue luz del closet del recibidor de Berta, oculto entre viejos abrigos y mantas, encuentro la maleta.

Su plástico blanco y maltratado tiene un diseño de brocado, ahora desgastado después de décadas de viajes. Este es su lugar de descanso final. Mi corazón se acelera. ¿Tiene el seguro? Aguantando la respiración, deslizo los pestillos, y se abren con un gruñido; un sonido que me satisface, decisivo y fuerte. Un olor a humedad me envuelve, llenando el espacio con el rancio aroma de viejos secretos.

En el interior, el forro de satín azul claro se ha despegado, y los bolsillos amontonados a los lados y en la parte trasera se abren en un bostezo colectivo. El elástico caído se rindió y dejó de intentar mantener algo a salvo hace mucho tiempo.

Ella compró el equipaje cuando aún era una adolescente, ese primer año que se fue de la isla para ir al internado en Estados Unidos. Lo cargó consigo durante más de cuarenta años, desde nuestra casa en la República Dominicana. Viajó primero al preuniversitario en Florida, donde desapareció. Fue casi seis años después cuando ella y la maleta aparecieron en el sol abrasador de Arizona, tan repentinamente como se habían desvanecido. Incluso con ese milagro, la conmoción y la alegría de su resurrección, el empeño de mi hermana en su silencio duró toda su vida. Estaba claro: no debía entrometerme, nunca.

Ahora, aquí estoy, haciendo precisamente eso. La culpa y la vergüenza luchan con una voraz necesidad de saber. Mi garganta está seca y mis manos tiemblan. Este receptáculo de su pasado está lleno de sobres pequeños y grandes, fotografías, fajos de papeles abultados que alguna vez se mantuvieron unidos con ligas de goma que se han aflojado y ahora están pegadas a ellos como hebras de espaguetis sobrecocidos.

Me siento con pesadez en el suelo y sostengo la vida de mi hermana en mis brazos. ¿Esto me dirá quién es ella, quién era, más allá de lo poco que reveló sobre el enorme agujero que hubo en su vida?

Alguien escribió: "la muerte es la máxima invasión de la privacidad", o algo por el estilo. Pienso en esto cuando empiezo a excavar, a buscar lo que no conozco. Una gruesa bolsa de papel está repleta de pequeños cuadernos. Aquí es donde almacenó sus años, en diminutos calendarios Hallmark con espacios de una pulgada para cada día. Los hechos, pequeños y directos, ocupan la página. Busco en la libreta del tamaño de una muñeca su fecha de cumpleaños en 1968 y leo: *Examen de servicio civil. Siesta. Limpié.*

Encuentro una gran cantidad de fotografías, las que conservó durante más de medio siglo: hay una foto en blanco y negro de nuestra abuela luciendo solemne en el balaustre de su casa de Southampton. Aquí hay una foto de nuestra familia posando frente a una joven palmera en un pedazo de playa desierta, probablemente tomada en nuestro primer viaje a Miches. Papá tiene a Berta tomada de la mano. Ella tiene cuatro años y yo solo soy una bebé acurrucada en los brazos de mamá. Mis padres están sonriendo, los ojos les brillan por la aventura y la promesa. No los recuerdo así. Dejo la foto a un lado, esa ventana a la esperanza y la posibilidad, y con cuidado trato de aplanar los bordes rasgados. Después saco imágenes y notas raras que le envié a mi hermana ese primer año que nos comunicamos por correo, con cautela, después de su reaparición.

Una serie de fotografías de una época posterior se salen de un sobre roto: desnudos, obviamente tomados por un amante. En ellas, Berta se asoma detrás de una cascada de cabello, sus ojos sonríen al fotógrafo. Deben haber sido tomadas después de que se mudó a California. Está sentada en las piedras del río, su larga melena rubia cae en cascada sobre sus pechos y se arremolinan alrededor de sus rodillas. Se ve feliz. No se cortó el pelo durante más de treinta años. Todavía la recuerdo pidiéndome que la acompañara a cortárselo, décadas después, cuando tenía cuarenta y tantos años. Le tomó todo ese tiempo permitirse un cambio. No quería ir sola a la peluquería, mi hermana que ahora viajaba sola por el mundo, haciendo trabajos pesados como guardabosques o guardaparques, y coleccionaba libros y amigos con igual entusiasmo. Estaba agradecida de que me necesitara ese día cuando se despojó de su melena protectora, aunque incluso entonces no pudo dejarla ir por completo.

En el bolsillo de una carpeta encuentro la coleta de cabello rubio enroscada como una serpiente dormida. Está atada con una cinta azul, mide casi dos pies de largo.

El contenido de esta maleta representa todo lo que fue valioso para ella, así que todavía aspiro a saber sobre los años de los que nunca hablaré. Pero la maleta se burla de mí al final. Si quiero saber exactamente lo que hizo en un día en particular, hace seis años, hace veinticinco años, puedo encontrar sus notas garabateadas. Pero ella mantiene ese otro secreto en el tiempo, incluso para sí misma, y ahora ya no está, se la llevó el cáncer a los sesenta años. La luz exterior se ha desvanecido en el crepúsculo y todavía estoy sentada en el suelo. Finalmente cierro la maleta, no hay nada más que saber. La casa está vacía ahora; no hay nada más que encontrar. En cambio, debo concentrarme en lo que ha sido revelado por estos paquetes cuidadosamente escondidos. Incluso si tuvo que abandonarnos durante esos largos y dolorosos años, protegió lo que más importaba y nos mantuvo a salvo con ella todo el tiempo.

Hoy es el cuatro de julio. Me estiro hasta la parte superior del librero para tomar una caja envuelta en terciopelo. Creo que debería estar haciendo esto con un poco más de ceremonia, que debería vestirme bien, no estar usando un *pullover* roto. Desato el cordón dorado y saco una pesada caja gris sellada con una cruz de cinta adhesiva blanca. Me pregunto si esta será tan difícil de abrir como lo fue el recipiente de mamá después de su muerte. Berta y yo tuvimos que quitar la tapa con un destornillador y un martillo. Pero arranco la cinta y la cubierta cede instantáneamente cuando la toco. En el interior hay una bolsa de plástico atada con un lazo, del tipo que usamos en el mercado. La bolsa ha tomado la forma del recipiente, como un ladrillo de arcilla listo para ser moldeado en una nueva creación.

Se dice que tus cenizas tienen el mismo peso que tú cuando naces. No sé si eso es cierto, pero se hunde en la curva de mi brazo. Me viene a la mente el verso de una canción y la modifico ligeramente:

She's not heavy; she's my sister.

Pongo mi cargamento en una mochila y salgo temprano en la mañana. Voy a llevar a Berta al parque donde trabajó durante casi veinte años. Sé que preferiría estar allí cuando la tranquila ensenada se despierte con los patos y las gaviotas, los corredores, los caminantes y, hoy, las muchas personas que irán a hacer picnic y entrarán más tarde con sus hieleras, carbón y costillas para asar.

El sol brilla en las cimas de los rascacielos al otro lado de la bahía, y una banda de niebla gris se cierne a lo largo del paseo marítimo. Avanzo a toda velocidad por el camino de grava hacia el nuevo sendero al borde de la ensenada. Una parte de los pantanos adquiridos recientemente todavía está cercada, en él crecen libres las malas hierbas y los robles venenosos. Un letrero dice "ÁREA CERRADA: no entre hasta que sea accesible y seguro para el público". Varios pinos pequeños, desgarbados como adolescentes, quedan más adelante. Me arrodillo en la hierba húmeda junto al arbolito más pequeño, que brilla por el rocío, sus ramas son tan tiernas como el amanecer. Reviso el sendero y, por el momento, no hay nadie a la vista. Arrodillada, abro el plástico y vierto puñados de cenizas alrededor de la base del pino. Paso mis manos por entre los restos de mi hermana, mezclándolos con la tierra que la rodea, y mis dedos se vuelven plateados y arenosos. Se acerca un grupo de caminantes, así que me escabullo de la manera más casual posible.

El estanque en medio del parque todavía está bajo la luz tenue. Una gaviota se balancea y se sumerge, dejando círculos que se abren en abanico lentamente y luego vuelven a la calma. Espero hasta que los paseantes estén mucho más allá de la curva del sendero, entonces vierto una lluvia gris en el estanque. Florece en una nube blanquecina bajo el agua, extendiéndose en remolinos de luz y sombra. Berta amaba el agua casi tanto como su trabajo. Ahora ella es parte del agua, nadando en millones de partículas entre los juncos, en las aguas bajas y cálidas por el sol.

Hace treinta y un años, mamá, Berta y yo estábamos en la cima de un acantilado al borde del Océano Pacífico en México arrojando las cenizas de papá al mar. Después de descubrir que la gripe persistente de papá era en realidad cáncer de pulmón, vendieron la finca y se mudaron a México para pasar sus últimos años, dejando la mayoría de sus pertenencias al nuevo dueño de Casalata.

Todo lo que era demasiado preciado para que lo tocara un extraño fue arrojado a la laguna. Puedo verlo todo cayendo, hundiéndose como se hunde mi propio corazón, a la profundidad de las aguas oscuras. El brillo extraño de una joya, mis pinturas, fotografías familiares, notas mecanografiadas en la vieja máquina Royal a doble espacio: fragmentos de una vida y una familia varada en una costa engañosamente tranquila. La propia máquina de escribir, cayendo en picada bajo las distintas capas de la laguna, diseminando, a su paso, renacuajos, tortugas y sueños.

Me sacudo de vuelta al presente, pero el pasado se arremolina y ahora recuerdo el hospital de Tijuana y a papá envuelto en sábanas blancas, sus brazos delgados y morenos conectados a sueros y tubos. Cuando nos ve, abre la boca en una mueca desdentada que pretende ser una sonrisa. Hacemos conversación, del tipo que haces cuando no puedes decir lo que realmente está pasando para que no suceda. Cuando salimos a descansar, papá apoya la cabeza de vuelta en la almohada.

"*See you later, alligator.*"

"*After a while, crocodile*", logro decir a través del nudo en mi garganta.

Regresamos a la habitación y, minutos después, mamá salta de su asiento y su grito se queda allí, quieto en el aire, y nos movemos nosotras en silencio, como si el silencio importara, pero ya no importa. Cuando esparcimos sus cenizas, el viento las hace volar y nos cubre a todos con fragmentos de hueso. No sabemos qué hacer, así que nos reímos ansiosas mientras sacudimos a papá de nuestro cabello y nuestra ropa.

"Quizás no quiera dejarnos", digo.

Años después de la muerte de nuestro padre, mamá se mudó cerca de nosotras y adoptó el parque como suyo. Sin falta, salía a caminar aquí todas las mañanas, a menos que estuviera lloviendo mucho, y siempre llevaba una bolsa de plástico para recoger la basura que había en el camino. Mamá vivió hasta los noventa y un años, y estuvo sana casi hasta el final. Hace cinco años, Berta y yo esparcimos sus cenizas bajo un arbusto joven lleno de hojas brillantes. Desde entonces, el arbusto se ha vuelto fuerte y con abundante follaje, y comienza a parecerse a un árbol; lo llamamos: "el árbol de mamá". Y aquí estoy, esta vez sola, esparciendo las cenizas de Berta junto a mamá en una ligera nevada alrededor del tronco. Ahora también es el árbol de Berta.

Pongo la bolsa, ahora vacía, en uno de los latones de basura. Hoy, más tarde, uno de los que fuera compañero de trabajo de Berta vaciará los contenedores sin saber que la están subiendo al camión del parque que ella solía conducir.

Mis piernas ceden y me derrumbo en un banco. Una gaviota ladea la cabeza a unos metros de distancia. La mañana despierta a mi alrededor y el sol sube más alto. Una ligera brisa agita la superficie en puntos de luz. Me levanto con pesadez del banco y me dirijo a casa, pasando de nuevo por delante del letrero que dice: "ÁREA CERRADA".

Berta tenía partes de su vida que siempre estuvieron cerradas, que nunca se sintieron lo suficientemente seguras como para abrirlas al público, incluso para mí. Pero es el Día de la Independencia, y hoy finalmente ella es libre. Me doy cuenta de que ahora tengo la libertad de abrir el profundo lugar donde los secretos han permanecido ocultos y me han desgarrado por dentro durante tanto tiempo.

No es demasiado tarde, me digo a mí misma, incluso cuando algo parecido al miedo recorre mi cuerpo, pero tal vez no sea miedo. Tal vez es que no sé cómo se sienten la verdadera esperanza y la libertad.

Palma de coco.

II

La canción de las palmas

A pesar de que una vez prometí nunca volver a esta isla, aquí estoy de nuevo. En el viaje en autobús por la montaña, le pido al conductor que se detenga en la cima cuando aparece a la vista la creciente de la Bahía de Samaná. Él me recuerda de cuando era pequeña. "Sí, sí, seguro". Abre la puerta y hace un gesto hacia la larga extensión de palmerales al borde del agua turquesa allá abajo, como si no pudiera recordar hacia dónde mirar, como si esta preciosa vista no estuviera grabada con fuego en mi alma. Me pongo la mano sobre los ojos para poder ver si Cocoloco todavía se destaca del resto de las fincas como lo hacía cuando nuestros cocoteros eran jóvenes y las hojas eran de un verde más claro que las otras palmeras de las fincas vecinas. Pero la finca ahora se mezcla con el resto, los límites y el color se desdibujan por el tiempo y la edad. Cierro los ojos y papá me está subiendo a una roca, yo con cinco años, para ver mejor. Pero no lo necesito esta vez; todavía sé a dónde mirar... qué curva, exactamente, de la playa me atrae.

Mis pies se entierran en la arena mojada de Cocoloco mientras las historias en mi cabeza vienen y van como las estaciones de la vieja radio *Zenith* que alguna vez fueron nuestro único vínculo con el mundo exterior. Me asalta un recuerdo de hace unos años, cuando la vida de mi madre se estaba desvaneciendo. Le pregunté si alguna vez había escrito un resumen de los muchos viajes de nuestra familia, algo en lo que pudiera dejar mis recuerdos antes de que se desvanecieran para siempre. Ella se puso rígida y un tono firme se filtró a través de su voz, una brasa humeante que ahogó sus palabras.

"Una vez escribí un libro sobre nuestra familia, ¿sabes?"

"¿En serio? ¿Qué pasó con él?"

Se encogió de hombros, su voz apenas una chispa moribunda—todo el fuego de su voz se esfumó.

"Tu padre no le hizo mucho caso, y ustedes, mis hijas, no estaban particularmente interesadas en su pasado. Lo boté".

Así que he regresado a esta playa, de pie, pero inestable, mientras los fantasmas giran en el cálido aliento de los vientos alisios. Un coco verde se balancea en las olas a unos metros de distancia. Eventualmente llegará a la costa y germinará, como lo hicimos nosotros, o lo intentamos. Entrecierro los ojos al sol entre las lágrimas. Recuerdo esos ratos cuando mi hermana y yo éramos niñas, cuando la risa iluminaba nuestra vida, antes de que el entumecimiento se asentara como la niebla.

Otros recuerdos me inundan. No los quiero, por eso menguan como la marea. Pienso en Luis y me pregunto qué habrá sido de él. Escuché que se casó y ahora es abuelo. Me apoyo contra el tronco viejo de una palmera, está picado de agujeros de escarabajos y marcado por los huracanes. Plantado hace mucho tiempo por mi padre, el tronco aún se eleva hacia el cielo; su moño está hecho jirones, pero aún da frutos. Deja caer un coco maduro a unos metros de distancia, espantando a algunos cangrejos de arena. La brisa refresca y la arboleda de cocoteros se convierte en un coro bullicioso.

A poca distancia, el río llama, su superficie color caramelo está bloqueada por un banco de arena. El agua se oscurece en un rojo oscuro en sus profundidades. Es engañosamente quieto, oculta troncos empapados y ramas arrancadas de sus orillas de cuando las lluvias hicieron que creciera. Ahora las tormentas han pasado y el río se ha vuelto a asentar sobre sí mismo formando una laguna. La playa está vacía a excepción de un caballo solitario y su jinete que deambulan por la orilla del agua. El hombre silba una melodía baja; y sus alforjas, llenas de cocos pelados, se balancean de un lado a otro.

No me ve—soy un fantasma en las sombras azules de la orilla del río.

He caminado hasta aquí desde la casa de la finca a medio kilómetro de distancia. Su esqueleto original está intacto incluso ahora. El dueño que compró nuestra propiedad hace más de cuatro décadas ha dejado algunas cosas intactas, como los sillones de madera, todavía pintados de turquesa, y la mesa de picnic con las leves marcas de quemaduras de cigarrillos. La planta baja, que solía estar abierta, ahora está cubierta por una malla, y han agregado otra habitación, junto con una sólida torre de agua que acumula la lluvia. Es como si el pulso de papá todavía latiera adentro. Está cerrado, se ha vuelto más sólido, inflexible.

En muchos sentidos, soy como esa casa: sellada por las corazas que crecieron sobre mi corazón y trataron de evitar que sufriera demasiado en esos primeros años. Sé de protección; es el mismo caparazón que también me impedía decir que sí a hombres de ojos brillantes que soñaban con bebés y me pedían que fuera su pareja. Pero, a pesar de esto, me estoy derritiendo, cediendo a esta playa, como lo hizo papá cuando entregó su corazón a los vientos alisios, a la danza de la luz del sol sobre el agua azulada. Él nos dio esta larga extensión de arena para jugar, para soñar. Nos dio luciérnagas y cielos llenos de estrellas.

Éramos el ritmo del merengue y el sabor del dulce de coco. Nos dio chubascos, esos aguaceros veloces que caían sobre Casalata como furia del cielo, y huracanes también.

Así que crecimos como malas hierbas en esta dulce locura: quemadas por el sol, arrastradas por las tormentas de papá y, sin embargo, como semillas, renacimos de nuevo.

Aquí, en este lugar que ya no es mi hogar pero que aún me aferra, la tristeza y la pérdida dan paso a algo más. Tiemblo y dejo que la música de las palmeras cante hasta ese lugar oscuro, dejo que comience a descongelarse.

Recojo una ramita y trazo un leve canal a través de la parte superior del banco de arena. Un hilo de agua se filtra por la fisura y luego se detiene. Cavo aún más hondo, y se llena un poco más. Hago un túnel más profundo, hasta que las gotas de sudor corren por mi nariz, y observo cómo el agua empieza a fluir por sí sola, contando su historia a medida que avanza a través de la arena que se derrite y encuentra un camino firme hacia la madre mar.

Rita Gardner creció en la finca de cocos de su familia, Cocoloco. Su padre, madre, hermana y ella vivieron expatriados en la República Dominicana durante la dictadura de Rafael L. Trujillo. Vivían en un pueblo costero remoto, por lo que fue educada en casa y comenzó a leer, escribir y pintar a temprana edad. Se fue a Florida para terminar la escuela secundaria, y luego se mudó al Bay Area, al norte de California, donde ha seguido sus pasiones: el senderismo, viajar, escribir y la fotografía.

En el 2014, *The Coconut Latitudes* fue publicado en inglés por la editorial *She Writes Press*, y ganó varios premios en 2015 y 2016, entre los que se encuentran Medalla de Oro en los premios: *Benjamin Franklin Awards* de la *Independent Book Publishers Association*, y Medalla de Oro en *Next Generation Indie Book Awards*.

Ensayos suyos, artículos y poemas han sido publi-cados en revistas literarias, de viajes y periódicos.

Sus fotografías han sido exhibidas en galerías y otros lugares. Ella continúa soñando en español, bailando merengue e inspirándose en el mar.

Su color favorito es el azul caribeño.

Índice:

Otros libros de Books&Smith:

Ellas también tienen mi nombre

César Sánchez Beras

La inmortalidad del cangrejo

Edgar Smith

Un tíguere con garras de nieve

José Minaya Peña

Aquí hubo una mujer

Kianny N. Antigua

www.booksandsmith.com

www.ingramcontent.com/pod-product-compliance
Lightning Source LLC
Chambersburg PA
CBHW030807210726
48290CB00002B/465

* 9 7 8 1 7 3 6 8 8 4 8 8 1 *